Estrellas

Ian Ridpath

Ilustraciones:
Wil Tirion

Traducción:
Germán Puerta Restrepo

PANAMERICANA
EDITORIAL

Editor
Panamericana Editorial Ltda.

Director editorial
Conrado Zuluaga

Edición
Javier R. Mahecha López

Traducción
Germán Puerta Restrepo

Ridpath, Ian
Estrellas / Ian Ridpath; traducción Germán Puerta Restrepo ; ilustraciones Wil Tirion. -- Bogotá : Panamericana Editorial, 2006.

256 p. ; cm. -- (Colección gemas)

ISBN 978-958-30-2096-4

1. Estrellas 2. Constelaciones 3. Estrellas - Clasificación 4. Astronomía I. Puerta Restrepo, Germán, tr. II. Tirion, Wil., il. III. Tít. IV. Serie
523.8 cd 20 ed.
A1079747

CEP-Banco de la República-Biblioteca Luis Ángel Arango

Originalmente publicado en inglés por HarperCollins Publishers Ltd., bajo el título: Collins Gem Stars

Primera edición en Panamericana Editorial Ltda., septiembre 2007

Panamericana Editorial Ltda.
Calle 12 No. 34-20 Tels.: 3603077 - 2770100, Fax: (57 1) 2373805
Correo electrónico: panaedit@panamericanaeditorial.com
www.panamericanaeditorial.com
Bogotá D. C., Colombia

ISBN 978-958-30-2096-4

Impreso por Panamericana Formas e Impresos S.A.
Calle 65 No. 95-28 Tels.: 4302110 - 4300355, Fax: (57 1) 2763008
Bogotá D. C., Colombia
Quien sólo actúa como impresor.

Impreso en Colombia   Printed in Colombia

Contenido

Cómo usar este libro

Este libro contiene los mapas de cada una de las 88 constelaciones que ocupan el cielo. Todas las estrellas de los mapas son observables a simple vista en los cielos más despejados, pero en las ciudades, donde los cielos están contaminados por el polvo y el resplandor del alumbrado de las calles, se necesitan binoculares para ubicar las estrellas más tenues. Además de las estrellas observables a simple vista, los mapas muestran la localización de otros objetos importantes como cúmulos de estrellas, nebulosas y galaxias; la mayoría de ellos requiere alguna ayuda óptica para verse.

Todas las constelaciones se muestran en la misma escala, con seis excepciones –*Eridanus*, *Hercules*, *Hydra*, *Leo*, *Pisces* y *Ursa Major*–, las cuales se dibujan en escalas ligeramente menores. Áreas específicas de interés en algunas constelaciones se muestran en detalle en mapas de escala más grande, los cuales incluyen estrellas más tenues que las de los mapas principales.

Cada mapa de las constelaciones se acompaña de descripciones de los principales objetos de interés para el observador principiante, con una indicación del tipo de instrumento y los aumentos necesarios para observarlos. La mayoría de los objetos descritos están dentro del rango de los telescopios pequeños cuyo lente frontal tienen una apertura de 50-60 mm.

MAPAS ESTACIONALES

Este libro puede utilizarse en cualquier lugar del mundo, aunque no todas las constelaciones son visibles desde ciertos lugares; por ejemplo, las constelaciones en la región del polo Sur celeste siempre permanecerán bajo el horizonte para los observadores de las latitudes medias del hemisferio Norte, y viceversa. Además, las constelaciones visibles desde cualquier latitud cambian con las estaciones. La apariencia del cielo en diferentes épocas del año se muestran para un rango de latitudes del Norte y del Sur en las páginas 28 a 43.

MAPAS DE CIELO

La posición de las constelaciones en relación con otras puede encontrarse en los mapas del cielo de las páginas 44-53.

Introducción

El cielo está dividido en 88 áreas, conocidas como constelaciones, las cuales sirven para localizar los objetos celestes. Usualmente, las estrellas de una constelación no tienen conexión física entre sí; aunque aparecen en la misma dirección en el cielo, en realidad están a diferentes y enormes distancias de nosotros.

Las constelaciones son de diferentes tamaños y perfiles. La mayor constelación, *Hydra*, La Serpiente Marina, es una larga y ondulante figura que cubre un área del cielo 19 veces mayor que la más pequeña de las constelaciones, *Crux*, la Cruz del Sur. *Orion*, por ejemplo, posee patrones fácilmente reconocibles de estrellas brillantes.

La tradición de dividir el cielo en constelaciones comenzó cuando los pueblos antiguos les asignaron a ciertos patrones de estrellas los nombres de sus dioses, héroes y animales fabulosos. Con pocas excepciones, los patrones de estrellas guardan muy poco parecido con los personajes y criaturas que suponen representar; las conexiones son simbólicas más que literales.

Los antiguos griegos reconocieron un total de 48 constelaciones, incluidas las 12 del Zodiaco, a través de las cuales el Sol transita en su trayectoria anual alrededor del cielo. (La trayectoria del Sol, conocida como la eclíptica, se dibuja en los mapas de este libro como una línea roja discontinua). Otras constelaciones se añadieron posteriormente.

Los primeros cartógrafos celestes dibujaron en las constelaciones las figuras según su gusto, por lo cual no hubo un estándar para cada una, ni acuerdo en la lista general de constelaciones. Las figuras de las constelaciones frecuentemente se superponían, y algunas veces las estrellas compartían dos constelaciones.

Este estado de confusión persistió hasta 1930 cuando la Unión Astronómica Internacional, el órgano que rige la Astronomía, adoptó la lista de las 88 constelaciones que hoy conocemos y estableció sus fronteras exactas. No hay una razón particular por la cual debemos tener 88 constelaciones, o por qué tienen la forma asignada. Más bien como el mapa político del mundo, la subdivisión del cielo es un accidente de la historia. Los nombres y límites de las constelaciones sólo cambiarán hasta cuando el lento pero firme movimiento de las estrellas, conocido como movimiento propio, torne irreconocibles, dentro de miles de años, los perfiles de las actuales constelaciones.

El brillo de las estrellas

El brillo de las estrellas está expresado en término de magnitudes (abreviado mag.). Este sistema fue iniciado por el astrónomo griego Hiparco en el siglo II a. C., quien dividió las estrellas en seis categorías de brillantez: desde las estrellas más brillantes (primera magnitud) hasta las más tenues (sexta magnitud).

Hoy día, el brillo de las estrellas se mide hasta el centésimo de la magnitud más cercana por instrumentos sensibles conocidos como fotómetros. Una diferencia de cinco magnitudes está definida exactamente igual a 100 veces la diferencia en resplandor; en consecuencia, cada escalón de magnitud es igual a la raíz quinta de 100 (aproximadamente 2,5). Las estrellas con un brillo 2,5 veces superior que la mag. 1 se representan en magnitudes negativas (menos); por ejemplo, *Sirius*, la estrella más brillante del cielo, tiene –1,44 de magnitud. Las estrellas más tenues que la mag. 6 reciben progresivamente mayores magnitudes positivas. Los objetos más débiles vistos a través de los telescopios desde la Tierra tienen magnitudes de alrededor de 25. (Ver página del frente).

Los mapas de las constelaciones individuales en este libro incluyen todas las estrellas hasta mag. 6; el número total de estrellas representadas es aproximadamente 5.000. Los mapas del cielo muestran estrellas hasta mag. 5,0 mientras que los mapas estacionales muestran sólo las estrellas más brillantes, hasta mag. 4,5.

La magnitud de los objetos difusos como cúmulos de estrellas, nebulosas, galaxias y cometas es más difícil de cuantificar que el de una estrella. El resplandor de un objeto difuso usualmente se establece suponiendo que toda su luz estuviera concentrada en un punto similar a una estrella. Por ello, una galaxia de mag. 9 semeja el mismo brillo que tendría una estrella desenfocada de mag. 9, y cuya luz se esparciera en un área igual a la de la galaxia. La mejor manera de estimar el brillo de objetos difusos es compararlos con la imagen de una estrella desenfocada de magnitud conocida.

LOS NOMBRES DE LAS ESTRELLAS

Hay diferentes sistemas para identificar las estrellas, y por ello, nos referimos a una determinada estrella en más de una forma. La mayoría de las más brillantes estrellas tienen nombres propios, los cuales pueden tener origen arábigo, griego o latino; por ejemplo: *Altair, Sirius* y *Regulus,* respectivamente. Otro sistema, desarrollado en 1603, por el cartógrafo celeste alemán Johann Bayer,

DIFERENCIA EN MAGNITUD CONVERTIDA A DIFERENCIA EN BRILLO

Diferencia en magnitud	Diferencia en brillo
0,5	1,6
1,0	2,5
1,5	4,0
2,0	6,3
2,5	10
3,0	16
3,5	25
4,0	40
5,0	100
6,0	250
7,5	1000
10	10.000
12,5	100.000
15	1.000.000

asocia las letras griegas con las estrellas y se conoce como sistema Bayer. Por ejemplo, *Sirius* es también conocida como α (*Alpha*) *Canis Majoris,* lo cual significa que es la estrella α (*Alpha*) en la constelación *Canis Major*.

Las estrellas que no están identificadas en ninguna de estas formas pueden conocerse por su numeración Flamsteed (por ejemplo, *61 Cygni*) dada a las estrellas que fueron listadas en el catálogo compilado por el primer astrónomo real inglés, John Flamsteed (1646-1719). Estrellas más tenues se referencian por sus números en alguno de los varios catálogos de estrellas.

Varios astrónomos también han compilado listas especiales de estrellas particulares –como las estrellas dobles, estrellas cercanas o estrellas enanas blancas–, que dan otra nomenclatura. En este libro, algunas estrellas dobles catalogadas por el astrónomo ruso F. G. Struve están referidas por su numeración Struve (estos números algunas veces van precedidos por el símbolo Σ, la letra mayúscula griega S, de Struve).

La estrellas variables tienen una nomenclatura particular. Aquellas que no están nominadas según los sistemas existentes, reciben una o dos letras romanas (por ejemplo, *W Virginis, RR Lyrae*). Cuando ya se han utilizado todas las posibles combinaciones de letras, las estrellas variables en una constelación se denominan por la letra V y un número; por ejemplo, *V 1500 Cygni.*

ALFABETO GRIEGO

α	alpha	ι	iota	ρ	rho
β	beta	κ	kappa	σ	sigma
γ	gamma	λ	lambda	τ	tau
δ	delta	μ	mu	υ	upsilon
ε	epsilon	ν	nu	φ	phi
ζ	zeta	ξ	xi	χ	chi
η	eta	ο	omicron	ψ	psi
θ	theta	π	pi	ω	omega

Objetos como cúmulos de estrellas, nebulosas y galaxias tienen sus propios sistemas de nomenclatura, entre ellos, las numeraciones M y NGC. El sistema M proviene de un catálogo de más de 100 objetos cumulares y nebulosos compilados en el siglo XVIII por el astrónomo francés Charles Messier. El sistema NGC tiene origen en el *Nuevo catálogo general de nebulosas y cúmulos de estrellas,* publicado en 1885 por el astrónomo danés J. L. E. Dreyer. Dos suplementos del NGC, denominados *Catálogos índice*, aparecieron en 1895 y 1908; los objetos listados en éstos reciben la numeración IC. La mayoría de los objetos con numeración M también tienen numeración NGC.

Tipos de estrellas

Las estrellas son incandescentes bolas de gas, similares en naturaleza al Sol pero tan lejanas que aparecen apenas nada más como puntos de luz, aun en los más grandes telescopios. Sin embargo, mediante el análisis de la luz de las estrellas, los astrónomos han deducido que las estrellas existen en un variado rango de tamaños, temperaturas, colores y brillo.

Las más grandes y brillantes estrellas, denominadas gigantes y supergigantes, tienen cientos de veces el diámetro del Sol, es decir, podrían abarcar la órbita de la Tierra si se colocaran en el lugar de nuestro Sol; ellas están en un estado más avanzado de evolución que nuestro Sol, el cual, a su vez, se convertirá también en una estrella gigante roja hacia el final de su vida.

En el otro lado de la escala se encuentran las estrellas enanas rojas que tienen alrededor de un décimo del diámetro del Sol; éstas nacieron con menos masa que el Sol. Las más notables de todas son las superdensas estrellas enanas blancas las cuales tienen la masa del Sol confinadas en una esfera del tamaño de la Tierra. Se piensa que son los núcleos expuestos de antiguas estrellas gigantes rojas cuyas capas exteriores de gases rarificados se disiparon en el espácio.

Los colores de las estrellas

Las estrellas tienen un variado rango de colores, desde el naranja profundo hasta el amarillo o el blanco azulado. El color de una estrella depende de la temperatura de su superficie; las estrellas más frías son las más rojas y las más calientes, las más azules. Por ello, el color de una estrella es una guía de su naturaleza física.

Las estrellas con los colores más destacados son las gigantes rojas y supergigantes, como *Betelgeuse* en *Orion*, *Aldebaran* en *Taurus* y *Antares* en *Scorpius*. Los colores de las estrellas son más evidentes por los binoculares y telescopios que a simple vista. Particularmente atractivas son las estrellas dobles (p. 17), en las cuales las estrellas contrastan sus colores.

En este libro, las estrellas de primera magnitud se colorean para dar una indicación de la temperatura de su superficie, más que del color exacto en el que aparecen a la vista. Cuanto más tenue la estrella, menos posibilidad de observar algún color en ella.

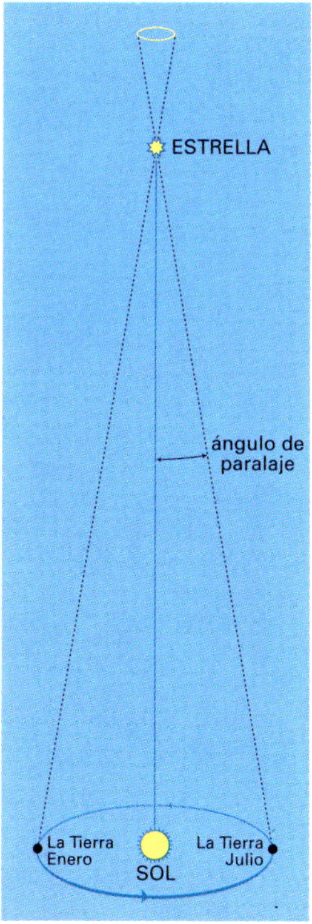

DISTANCIAS ESTELARES

Las distancias a las estrellas y galaxias se miden en años luz (abreviado a.l.) o en pársec. Esta es la distancia que recorre en un año un rayo de luz, moviéndose a 300.000 km por segundo. Un a.l. equivale a 9,5 billones de km.

Las distancias de las estrellas más cercanas pueden medirse con una técnica conocida como paralaje. Implica medir la posición exacta de la estrella contra el fondo celeste, vista desde los lados opuestos de la órbita de la Tierra. Un desplazamiento en la posición de la estrella cuando se observa desde

El paralaje, "cambio de posición" de una estrella vista desde los lados opuestos de la órbita de la Tierra, revela la distancia de la estrella.

dos puntos de vista (a cada lado del Sol, con diferencia de seis meses) revela la distancia de la estrella. Una estrella a una distancia de 3,26 a.l mostraría un "desplazamiento" de paralaje de un segundo de arco; una distancia de 3,26 a.l se conoce como un pársec (abreviatura de paralaje de un segundo). La estrella más cercana a nosotros, *Proxima Centauri,* tiene un paralaje de 0,77 segundos de arco, es decir, una distancia de 4,2 a.l.

Debido a que los paralajes son tan pequeños, sólo las distancias de las estrellas más cercanas pueden medirse de esta forma con los telescopios terrestres. El satélite Hipparcos, desde el espacio, ha medido con precisión los paralajes de más de 100.000 estrellas, y esas distancias se emplean en este libro.

Para estrellas tan lejanas como para mostrar un paralaje medible aun por el Hipparcos, los astrónomos utilizan un método indirecto que incluye la estimación de la luminosidad de la estrella a partir de rasgos de su espectro; ellos estudian cuán lejos tendrá que estar la estrella de acuerdo con el brillo que muestra en el cielo. Este método no era muy confiable, pero antes de Hipparcos era la única técnica disponible para encontrar la distancia de la mayoría de las estrellas.

ESTRELLAS VARIABLES

Algunas estrellas no son constantes en brillo y lo varían en períodos de horas, semanas o años. El resplandor de un estrella variable puede estimarse comparándola con las estrellas que la rodean que no varían.

La causa más común de la variación es que la estrella pulsa en tamaño como resultado de alguna inestabilidad. Una famosa clase de variables pulsantes son las Cefeidas, llamadas así por su prototipo, δ (delta) *Cephei* (p. 96). Estas estrellas supergigantes amarillas pulsan regularmente cada varios días o semanas, según su brillo.

Su importancia para los astrónomos radica en que período de pulsación está relacionado con su luminosidad; las Cefeidas más brillantes tienen los períodos más largos de pulsación. Observando el período de pulsación de una Cefeida, se puede determinar con exactitud su luminosidad. Y comparando la luminosidad estimada con su brillo aparente visto desde la Tierra, se deduce cuán lejos está. Las Cefeidas son una herramienta importante para calibrar las distancias en el universo.

Las Cefeidas son relativamente raras. El tipo más abundante de estrellas variables son las gigantes y supergigantes rojas, de las cuales virtualmente todas exhiben alguna forma de variabilidad debido a pulsaciones en tamaño, aunque éstas no tienen la estricta periodicidad de las Cefeidas; un ejemplo es o (omicron) *Ceti,* popularmente conocida como Mira (p. 100). Algunas estrellas variables rojas, como la supergigante *Betelgeuse,* no tienen del todo un patrón detectable.

Un tipo totalmente diferente de estrella variable es la binaria eclipsante. Esta consta de dos estrellas orbitando entre sí, una periódicamente moviéndose enfrente de la otra vista desde la Tierra. Cada eclipse de una estrella con la otra causa una caída en el total de luz que recibimos. La más famosa binaria eclipsante es *Algol,* también conocida como β (beta) *Persei* (p. 190).

Las más espectaculares de todas son las variables eruptivas, las cuales sufren grandes cambios en la producción de luz, más notablemente las novas y supernovas. Se piensa que una nova es una estrella doble muy cerrada en la cual uno de los miembros es una enana blanca. El gas de la estrella compañera se esparce sobre la enana blanca en la que se enciende explosivamente causando que la luz de la estrella aumente temporalmente miles de veces. La estrella no se destruye en una explosión nova; algunas novas se han visto brillar más de una vez, y posiblemente todas las novas son recurrentes en el tiempo.

Aún más espectaculares son las supernovas, cataclismos celestes que señalan la muerte de una estrella. En una supernova, la estrella termina su vida explotando en trizas, brillando temporalmente con el resplandor de billones de estrellas normales. Donde ocurre la supernova, el naufragio de la estrella se esparce a lo lejos en el espacio, como en la Nebulosa del Cangrejo en *Taurus* (p. 230) y la Nebulosa del Velo en *Cygnus* (p. 118).

Hay dos tipos de supernovas. Una clase envuelve la explosión de una enana blanca en un sistema binario. En la otra, una estrella muchas veces más masiva que el Sol se convierte en inestable y explota. La última supernova en nuestra galaxia fue vista en 1604 aunque una supernova se encendió hasta brillar a simple vista en la Gran Nube de Magallanes en 1987.

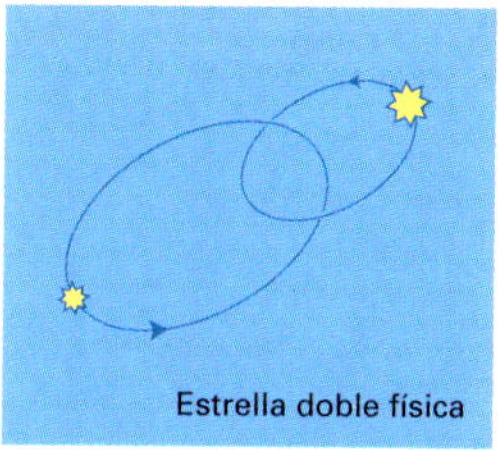

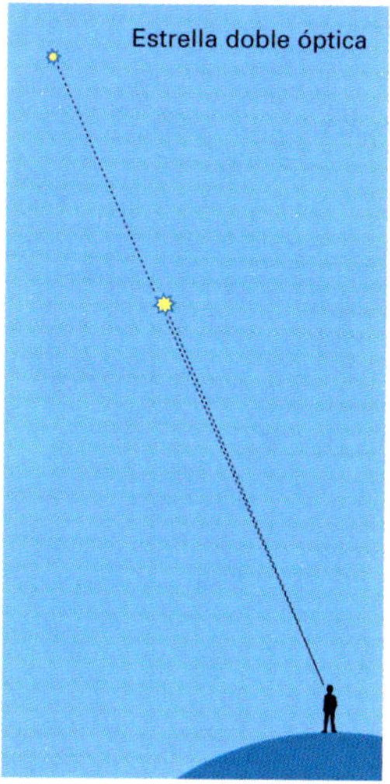

ESTRELLAS DOBLES Y MÚLTIPLES

Cuando observamos por los telescopios, muchas de las estrellas no son individuales como parecen a simple vista, sino que están acompañadas de una o más estrellas. En algunos casos, las estrellas no están realmente conectadas sino que, por azar, están en la misma línea de visión; tal disposición se conoce como doble óptica.

Pero en la gran mayoría de los casos, las estrellas están ligadas por la gravedad y orbitan una alrededor de la otra, con un período exacto dependiendo de la distancia que les aparta. Una pareja de estrellas ligadas de esta manera se conoce como

En una doble física, dos estrellas orbitan entre sí; en una doble óptica, las estrellas se ubican en la misma línea de visión aunque están a grandes distancias.

binaria; algunas veces, familias enteras de tres o más estrellas pueden estar interrelacionadas por la gravedad, y se conocen entonces como estrellas múltiples.

La separación aparente de dos estrellas en un sistema doble se mide en segundos de arco. Hay 60 segundos (´´) en un minuto (´) de arco, y 60 minutos de arco en un grado (°); así que un segundo de arco es 1/3.600 de un grado. El diámetro aparente de la Luna es alrededor de 30 minutos de arco, o medio grado.

Las estrellas dobles más apartadas –aquellas con separaciones de varios segundos de arco o más– pueden ser resueltas en pequeños telescopios o aun con binoculares, pero cuanto más juntos estén los componentes de una estrella doble, mayor la apertura necesaria en el telescopio para separarlas. La estabilidad de la atmósfera, conocida como visibilidad, también afectará la capacidad para separar dobles cercanas.

Un binaria espectroscópica es una pareja demasiado cerrada como para ser separada en el telescopio, aunque la existencia de la segunda estrella se revela cuando la luz se analiza con un espectroscopio.

CÚMULOS DE ESTRELLAS

Algunas veces, las estrellas se agrupan en cúmulos; los hay abiertos y globulares. Los cúmulos abiertos son los menos densamente agrupados y usualmente irregulares en su forma; contienen nada más que unas miles de estrellas relativamente jóvenes. Ellos yacen en los brazos espirales de nuestra galaxia. Ejemplos famosos son los cúmulos de las *Pleiades* y las *Hyades* en *Taurus* (pp. 228 - 229), y el Doble Cúmulo en *Perseus* (p. 192). Los cúmulos abiertos con frecuencia cubren medio grado del cielo o más.

Los cúmulos globulares son densos, agregados en formas redondas que pueden contener centenares de miles de estrellas. Están distribuidos en un halo alrededor de nuestra galaxia, así que usualmente se encuentran mucho más lejos de nosotros que los cúmulos abiertos y, en general, parecen más pequeños y son más difíciles de resolver en sus estrellas individuales. En contraste con los cúmulos abiertos, los globulares contienen algunas de las estrellas mas viejas conocidas. Ejemplos famosos son ω (omega) *Centauri* (p. 94), *47 Tucanae* (p. 234), y *M13* en *Hercules* (p. 138).

Nebulosas

Las nebulosas son nubes de gases y polvo en el espacio, algunas son brillantes y otras oscuras. En las brillantes, el gas y el polvo son iluminados por las estrellas de su interior. Ejemplos son la Nebulosa de Orión (p. 184) y la Nebulosa Tarántula (en *Dorado*, p. 122). En contraste, las oscuras son visibles únicamente porque bloquean la luz de los objetos detrás de ellas. Una nebulosa oscura famosa es el Saco de Carbón en *Crux,* la Cruz del Sur, la cual oscurece parte del campo de estrellas en esa región de la Vía Láctea. Algunas nebulosas oscuras se observan silueteadas contra las nebulosas brillantes.

Nebulosas planetarias

La nebulosas planetarias son nubes de gases expulsadas por una estrella central al final de su vida. Su nombre es engañoso, puesto que las nebulosas planetarias nada tienen que ver con los planetas reales. Más bien este nombre fue asignado porque a menudo parece el disco de un planeta, tal como se observa a través de telescopios pequeños.

La Vía Láctea

Todas las estrellas observables a simple vista forman parte de un enorme sistema de al menos 100.000

La Nebulosa de la Laguna, M8, en Sagittarius, contiene el cúmulo abierto NGC 6530 (la izquierda en la fotografía). El color rojo de la nebulosa, prominente en las fotografías, no es aparente a simple vista. AURA/NOAO/NSF.

millones de estrellas conocido como la Galaxia (nuestra Galaxia la escribimos con letra mayúscula para distinguirla de las otras galaxias; ver abajo). Las estrellas más cercanas a nosotros en la Galaxia están esparcidas más o menos de manera aleatoria en el cielo y les dan forma a las constelaciones. Las más distantes se aglomeran en una fina banda luminosa observable en las noches despejadas cruzando el firmamento. Esta es la Vía Láctea, y se muestra en los mapas de las constelaciones en este libro como una banda azul clara. Algunas veces, el término Vía Láctea se usa como un nombre alterno para nuestra Galaxia. Nuestra Galaxia tiene forma de espiral, con la mayoría de las estrellas y nebulosas concentradas en los brazos curvados que sobresalen del núcleo central. La Galaxia tiene alrededor de 100.000 años luz de diámetro y el Sol está a 30.000 años luz de su centro. El centro de nuestra Galaxia se encuentra en dirección de la constelación *Sagittarius*, una región en la que los campos de estrellas de la Vía Láctea son particularmente densos. Toda la Galaxia está rotando; nuestro Sol toma unos 250 millones de años en completar una órbita alrededor de la Galaxia.

Las galaxias

Cada una es una colección de millones o billones de estrellas sostenidas juntas por su mutua atracción gravitatoria. Las galaxias se clasifican de acuerdo con sus formas, de las cuales hay dos principales: espirales y elípticas.

Las galaxias espirales se subdividen en normales y barradas. La mayoría de las galaxias al alcance de los telescopios aficionados son espirales normales, con un bulbo central de estrellas desde el cual se extienden los brazos curvados. Un ejemplo es la Galaxia de Andrómeda (pp. 56 - 57). Las espirales barradas difieren por tener un barra recta de estrellas en su centro, y los brazos espirales emergen del borde de estas barras. Nuestra Galaxia se clasifica como una espiral normal, aunque existe evidencia que puede ser una espiral barrada. Las galaxias espirales están orientadas en diferentes ángulos respecto a nosotros. Así, una espiral vista de frente parece circular en los telescopios, pero una espiral de perfil parece un cigarro.

Las galaxias elípticas tienen varios tamaños desde las más masivas a las más pequeñas, son elípticas en su contorno y no tienen brazos espiralados. Existen galaxias de formas irregulares como las dos Nubes de Magallanes, que son satélites de la Vía Láctea, aunque hay algún trazo de forma espiral en la Gran Nube de Magallanes.

Las galaxias son tenues y se observan mejor con poco aumento para incrementar el contraste con el fondo celeste.

POSICIONES Y MOVIMIENTOS DE LAS ESTRELLAS

En el cielo, los equivalentes a longitud y latitud son la ascensión recta (A.R.) y la declinación (dec.). La ascensión recta comienza en el lugar donde el Sol cruza hacia el norte en el ecuador celeste cada año. Este punto conocido como equinoccio vernal, equivale al meridiano de Greenwich de la Tierra.

La ascensión recta se mide en horas, desde 0h hasta 24 h, hacia el Este desde el equinoccio vernal alrededor del cielo. Cada hora de ascensión recta está dividida en 60 minutos, y cada minuto está dividido en 60 segundos. La declinación se mide en grados al Norte y al Sur del ecuador celeste, desde 0° en el ecuador hasta +90° en el polo Norte celeste y –90° en el polo Sur celeste. Los polos celestes están encima de los polos terrestres, y el ecuador celeste está sobre el ecuador terrestre.

La posición de una estrella o de cualquier otro objeto puede especificarse con precisión en términos de ascensión recta y declinación, como las coordenadas en la Tierra. La rejilla de coordenadas marcada en horas de ascensión recta y grados de declinación está superpuesta en nuestros mapas de estrellas.

Los cartógrafos celestes enfrentan dos problemas: primero, cada estrella se mueve muy lentamente en relación con sus vecinos; esto se conoce como movimiento propio. Con pocas excepciones, por ejemplo, la Estrella de Barnard (pp. 178-179), los movimientos propios de las estrellas son muy pequeños e indetectables en el período de una vida humana, excepto mediante mediciones precisas. Después de miles de años, estos movimientos reconstruirán las formas actuales de las constelaciones cambiándolas y las estrellas irrumpirán en las constelaciones vecinas. Algún día, los astrónomos tendrán que revisar la actual nomenclatura de estrellas y constelaciones.

El segundo problema es que la totalidad de la rejilla de coordenadas está desplazándose debido a un balanceo de la Tierra llamado movimiento de precesión. Esto causa que el punto cero de la ascensión recta se mueva una vez alrededor del cielo cada 26.000 años. Las coordenadas de todos los puntos en el cielo están cambiando gradualmente, y por ello es costumbre darlas respecto a una cierta fecha de referencia. En este libro, la fecha de referencia es el año 2000, es decir, que los mapas de estrellas incluso podrán usarse sin serios errores hasta mediados del siglo XXI.

Los planetas

Los planetas de nuestro sistema solar son visibles en el cielo nocturno. Los planetas brillan porque reflejan la luz del Sol. Debido a que ellos siempre están moviéndose los planetas no se muestran en los mapas de este libro. Pero cuando lo planetas aparecen se encontrarán cerca de la eclíptica.

El planeta más brillante, Venus, supera en brillo a cualquier estrella en el cielo. Puede observarse en el cielo de la mañana elevándose antes del Sol, cuando es conocido como la estrella de la mañana, u ocultándose en el crepúsculo de la tarde, cuando se denomina estrella de la tarde. Un pequeño telescopio revelará que Venus no es una estrella puesto que mientras orbita el Sol muestra un disco que cambia en fases parecidas a las de la Luna. El segundo planeta en resplandor es Júpiter, tan brillante que también sobrepasa a cualquier estrella.

Los binoculares, sosteniéndolos firmemente, revelan sus cuatro lunas más brillantes que lo rodean (Io, Europa, Ganímedes, Calisto), cambiando sus posiciones noche a noche.

Marte y Saturno también se destacan en el cielo. Marte es notorio por su evidente color rojo, pero es una visión decepcionante en los telescopios aficionados porque es muy pequeño. Por el contrario, Saturno es tal vez la más bella visión telescópica de todas, pues está rodeado de los anillos planos compuestos de bolas de nieve que lo orbitan como un enjambre de diminutas lunas. Entre los demás planetas, Mercurio es un objeto esquivo que nunca se encuentra suficientemente lejos del Sol como para ser visible fácilmente, mientras que Urano, Neptuno y Plutón, un planeta enano, son tenues y distantes.

Los meteoritos

Ocasionalmente, un brillante rayo luminoso se observa cruzando el cielo, y dura apenas unos segundos. Es un meteorito, popularmente conocido como estrella fugaz. Estos no tienen nada que ver con las estrellas; son granos de polvo que se queman por fricción cuando se estrellan contra las capas superiores de la atmósfera de la Tierra. No vemos el grano, sino el trazo de los gases calientes que se producen mientras se quema a una altura de unos 100 km.

En una noche clara pueden observarse algunos meteoritos cada hora y se conocen como meteoritos esporádicos. Pero varias veces, en cada año, la Tierra cruza a través de un enjambre de polvo interplanetario, el cual da lugar a una lluvia de meteoritos. Los miembros de una lluvia de meteoritos parecen todos venir de una pequeña área del cielo conocida como el radiante. La lluvia se denomina según la constelación en la cual se encuentra el radiante; por ejemplo, las Gemínidas aparecen radiando desde *Gemini*. Una excepción son las Quadrántidas, que radian desde una parte del cielo una vez ocupada por la hoy difunta constelación *Quadrans Muralis* (el Cuadrante Mural), que ahora forma parte de *Boötes*. Una lluvia de meteoritos puede durar días o semanas, pero el pico de la actividad usualmente se confina a una noche en particular.

En el caso de la lluvias más ricas, como las Perseidas en agosto, pueden verse docenas de meteoritos por hora. Algunas veces, los meteoritos explotan en su trayectoria y son suficientemente brillantes como para producir sombras; otros, dejan trazos que se disuelven lentamente. El número de meteoritos en una lluvia de estrellas se expresa en términos de la tasa horaria cenital (THC). Esta es el número de meteoritos que un observador registraría cada hora si el radiante estuviera directamente sobre su cabeza. En la práctica esto es raro, así que el número real de meteoritos avistados será menor que la THC teórica. Además, si las condiciones no son favorables el número de meteoritos vistos será menor. Las principales lluvias de meteoritos del año se listan en la tabla de la página de enfrente, con sus fechas de la actividad pico y su THC.

PRINCIPALES LLUVIAS DE METEORITOS EN EL AÑO

Lluvia	Fechas del máximo	THC
Quadrántidas	Enero 3–4	100
Lyridas	Abril 21–22	10
Eta Aquaridas	Mayo 5	35
Delta Aquaridas	Julio 28–29	20
Perseidas	Agosto 12–13	80
Oriónidas	Octubre 20–22	25
Táuridas	Noviembre 4	10
Leónidas	Noviembre 17–18	10
Gemínidas	Diciembre 13–14	100

Claves de los símbolos usados en los mapas de constelaciones

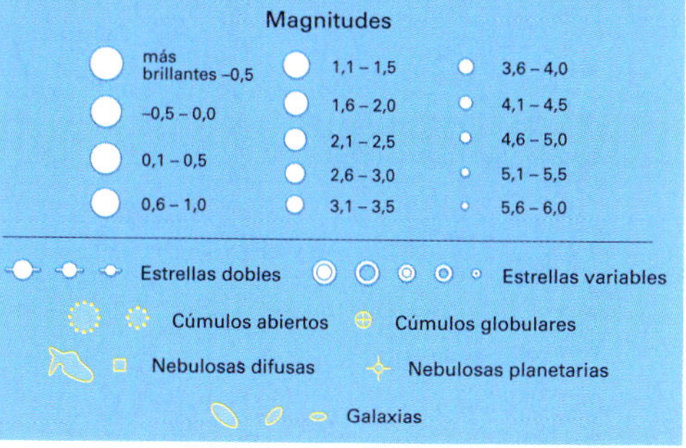

1 – Cielo de invierno

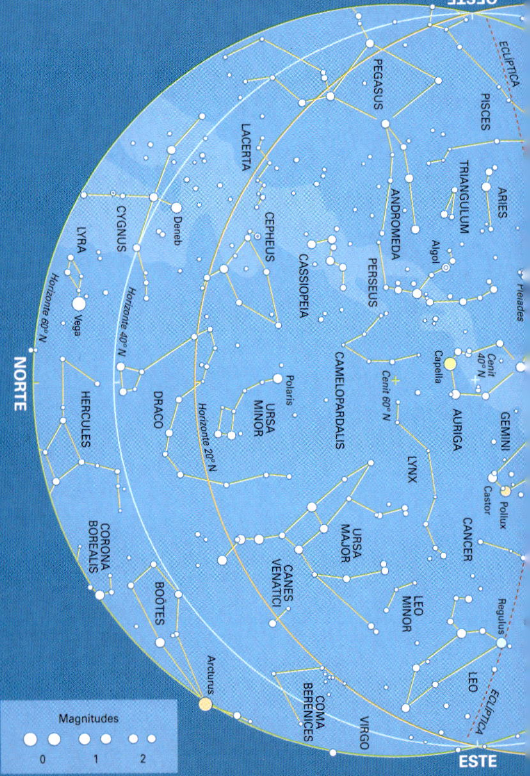

Latitudes del Norte

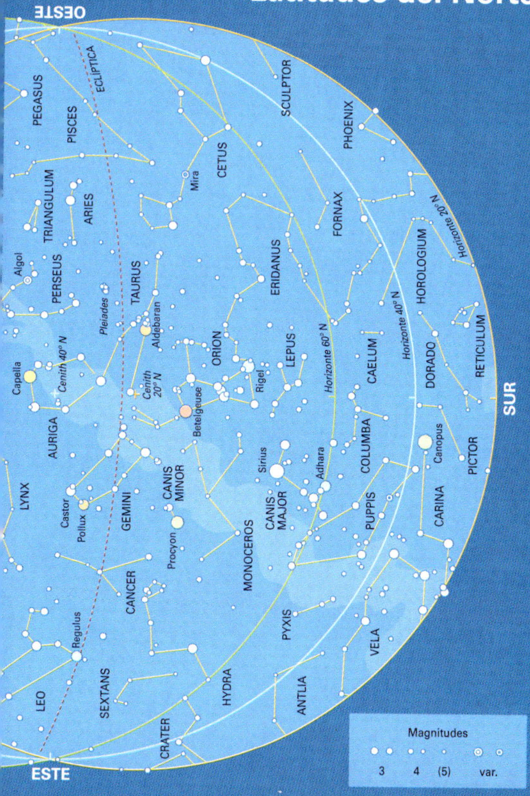

2 – Cielo de primavera

Latitudes del Norte

3 – Cielo de verano

Latitudes del Norte

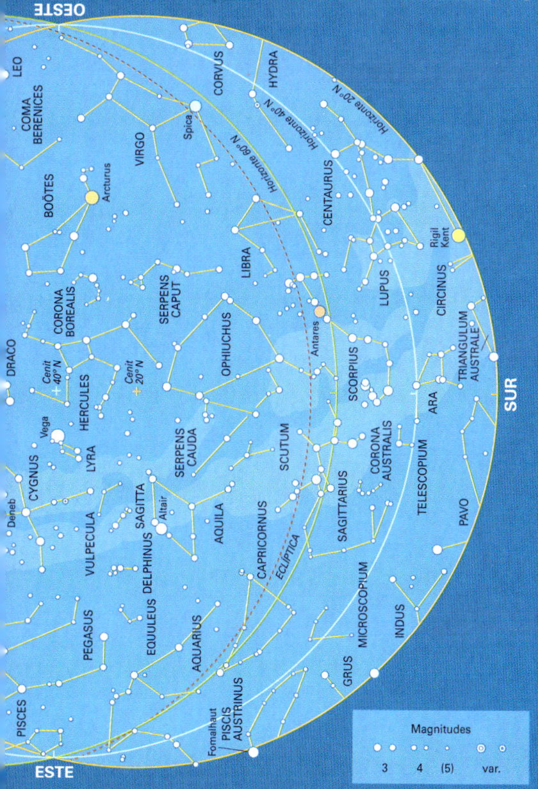

4 – Cielo de otoño

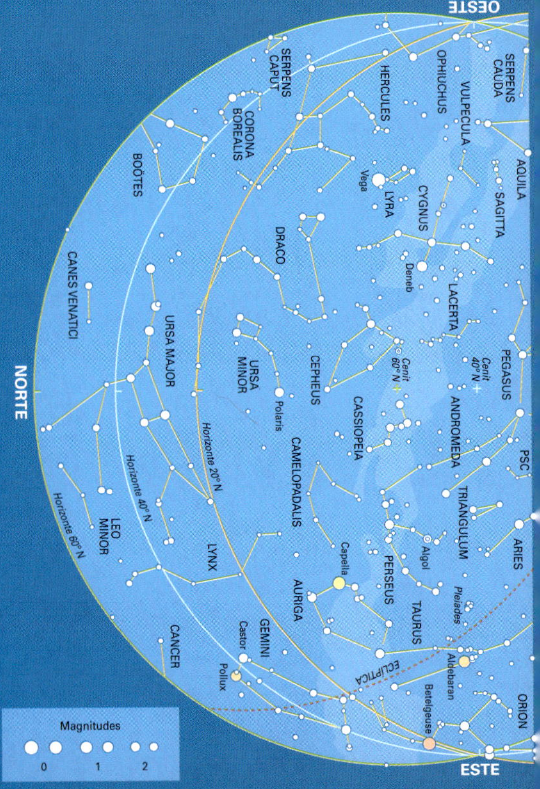

Latitudes del Norte

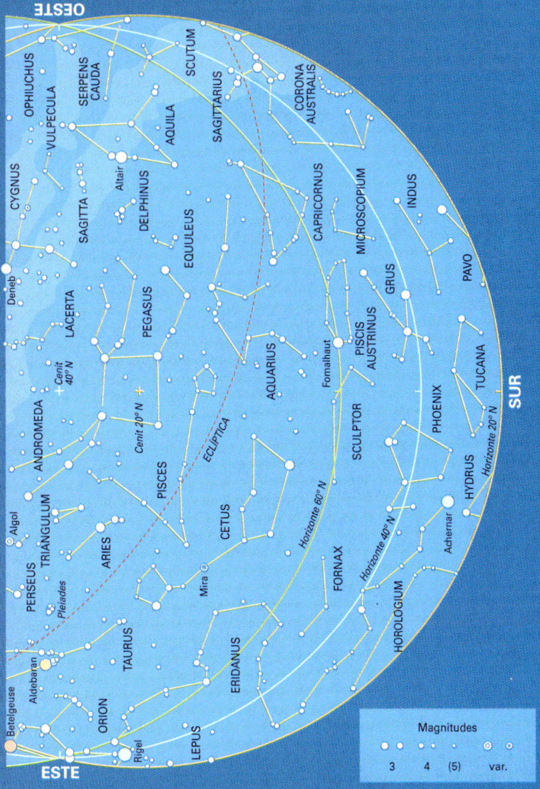

5 – Cielo de verano

Latitudes del Sur

6 – Cielo de otoño

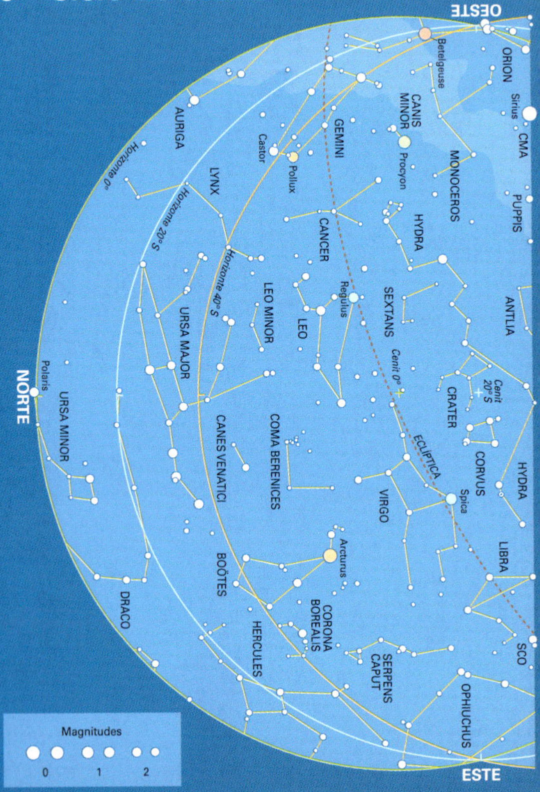

Latitudes del Sur

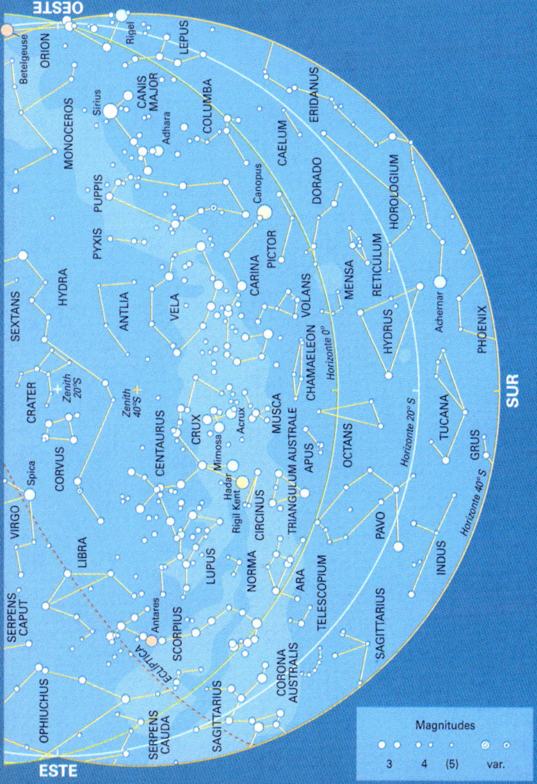

7 – Cielo de invierno

Latitudes del Sur

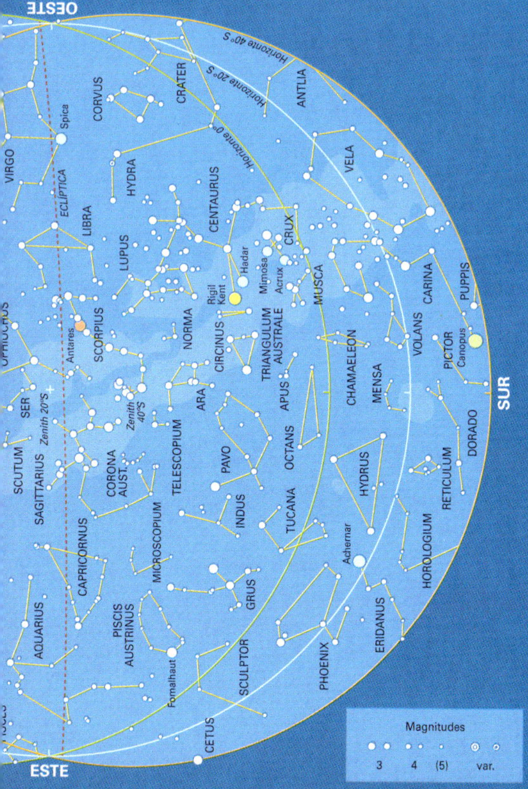

8 – Cielo de primavera

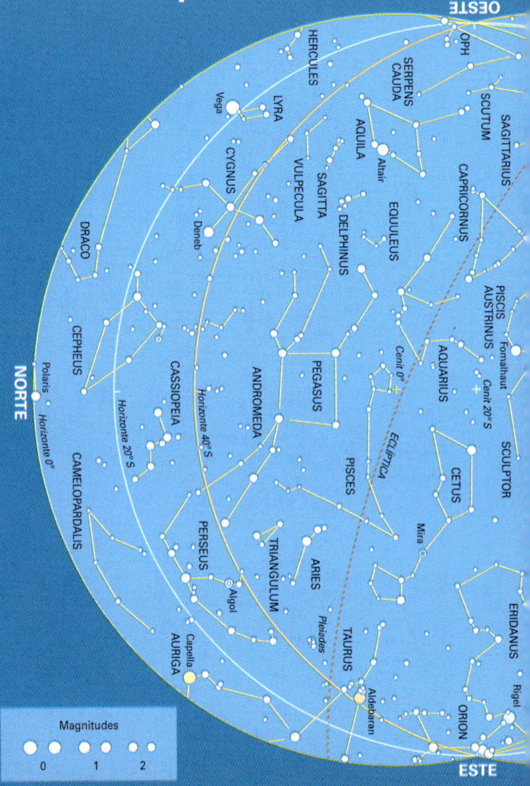

Latitudes del Sur

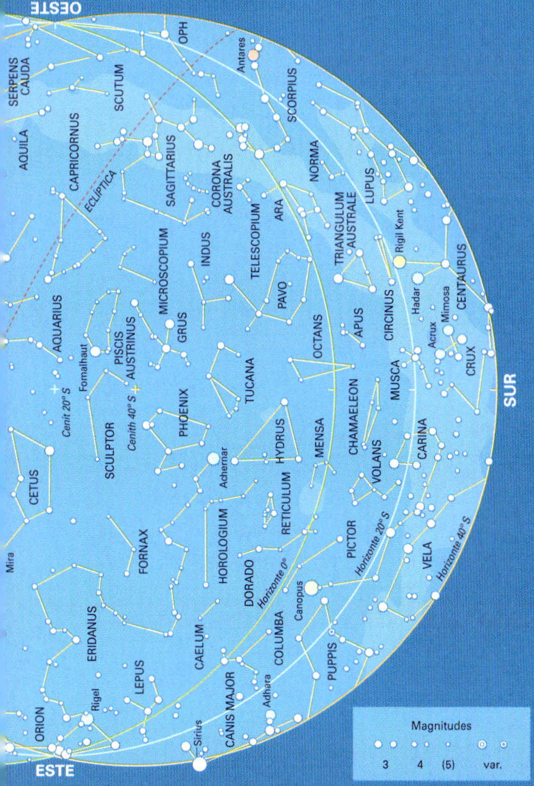

I

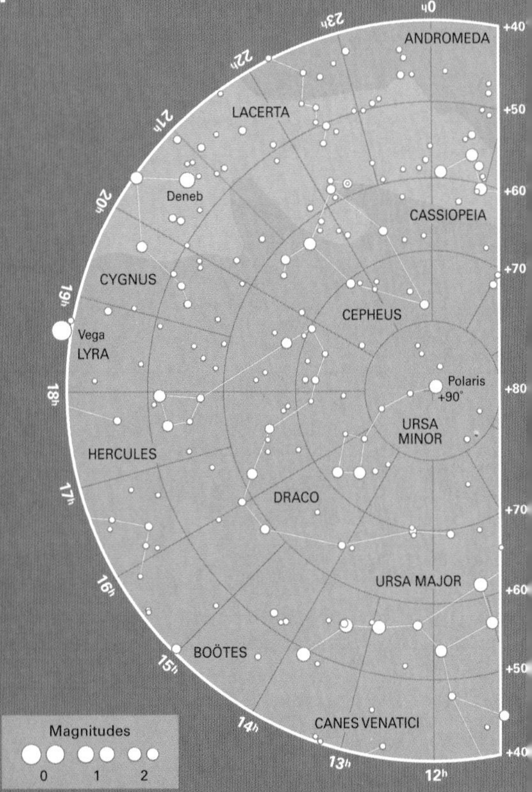
0h
23h
22h
21h
20h
19h
18h
17h
16h
15h
14h
13h
12h
+40°
+50
+60
+70
+80
+70
+60
+50
+40
ANDROMEDA
LACERTA
Deneb
CASSIOPEIA
CYGNUS
CEPHEUS
Vega
LYRA
Polaris
+90°
URSA
MINOR
HERCULES
DRACO
URSA MAJOR
BOÖTES
CANES VENATICI
Magnitudes
0
1
2

II

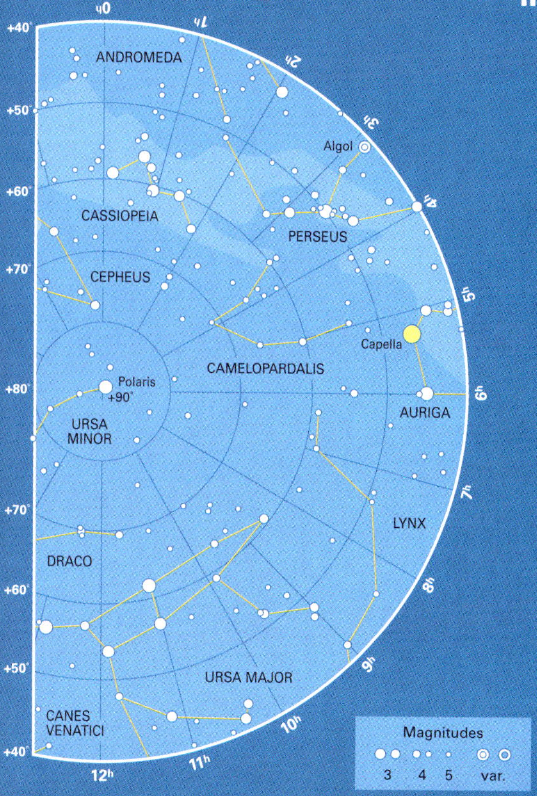
ANDROMEDA
CASSIOPEIA
CEPHEUS
PERSEUS
Algol
Capella
CAMELOPARDALIS
Polaris
+90°
URSA
MINOR
AURIGA
LYNX
DRACO
URSA MAJOR
CANES
VENATICI
+40°
+50°
+60°
+70°
+80°
+70°
+60°
+50°
+40°
0h
1h
2h
3h
4h
5h
6h
7h
8h
9h
10h
11h
12h
Magnitudes
3
4
5
var.

III

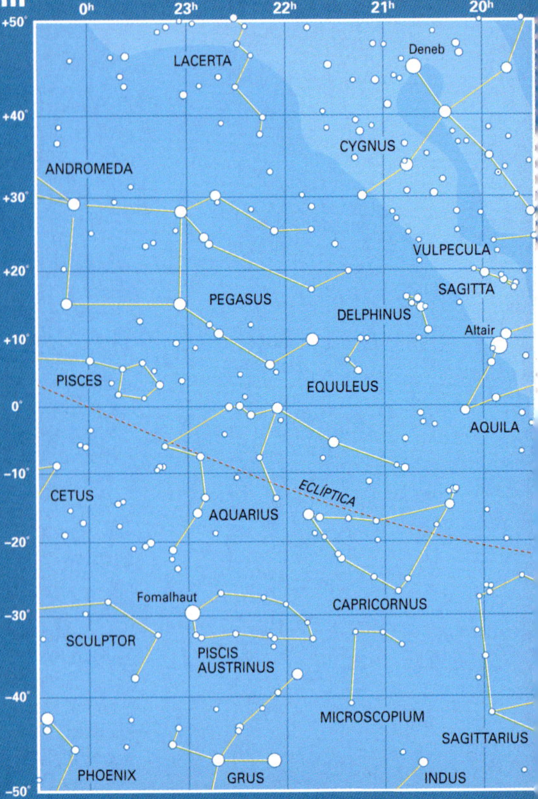

0h
23h
22h
21h
20h
+50°
+40°
+30°
+20°
+10°
0°
-10°
-20°
-30°
-40°
-50°
LACERTA
Deneb
CYGNUS
ANDROMEDA
VULPECULA
SAGITTA
PEGASUS
DELPHINUS
Altair
PISCES
EQUULEUS
AQUILA
CETUS
ECLÍPTICA
AQUARIUS
Fomalhaut
CAPRICORNUS
SCULPTOR
PISCIS
AUSTRINUS
MICROSCOPIUM
SAGITTARIUS
PHOENIX
GRUS
INDUS

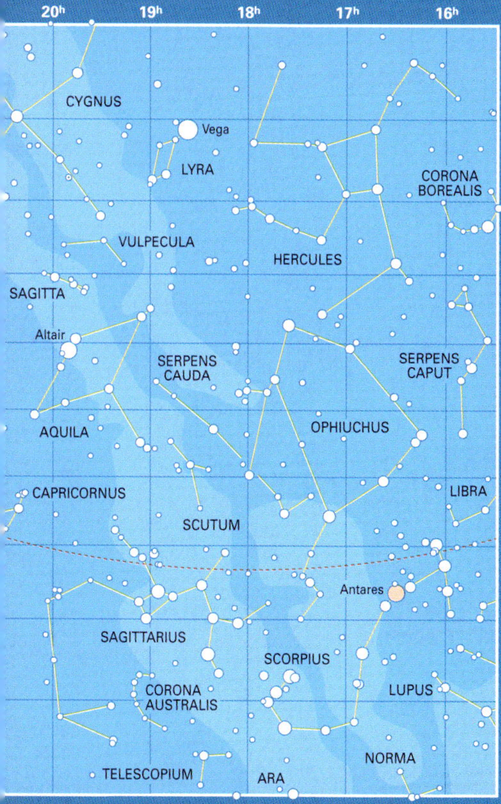
20h
19h
18h
17h
16h
+50°
+40°
+30°
+20°
+10°
0°
−10°
−20°
−30°
−40°
−50°
CYGNUS
Vega
LYRA
CORONA
BOREALIS
VULPECULA
HERCULES
SAGITTA
Altair
SERPENS
CAUDA
SERPENS
CAPUT
AQUILA
OPHIUCHUS
CAPRICORNUS
LIBRA
SCUTUM
Antares
SAGITTARIUS
SCORPIUS
CORONA
AUSTRALIS
LUPUS
NORMA
TELESCOPIUM
ARA

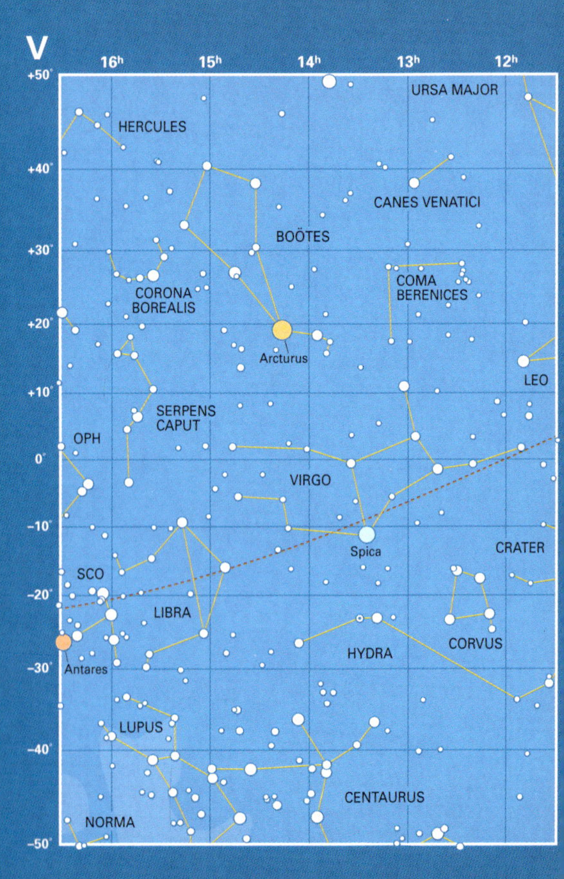
V
16h
15h
14h
13h
12h
+50°
+40°
+30°
+20°
+10°
0°
-10°
-20°
-30°
-40°
-50°
URSA MAJOR
HERCULES
CANES VENATICI
BOÖTES
COMA
BERENICES
CORONA
BOREALIS
Arcturus
LEO
SERPENS
CAPUT
OPH
VIRGO
Spica
CRATER
SCO
LIBRA
Antares
HYDRA
CORVUS
LUPUS
CENTAURUS
NORMA

VI
12h
11h
10h
9h
8h
+50°
+40°
+30°
+20°
+10°
0°
−10°
−20°
−30°
−40°
−50°
URSA MAJOR
LYNX
LEO
MINOR
Castor
Pollux
GEMINI
COM
LEO
CANCER
ECLÍPTICA
Regulus
VIRGO
Procyon
CANIS
MINOR
SEXTANS
MONOCEROS
CRATER
HYDRA
CORVUS
PUPPIS
ANTLIA
PYXIS
VELA

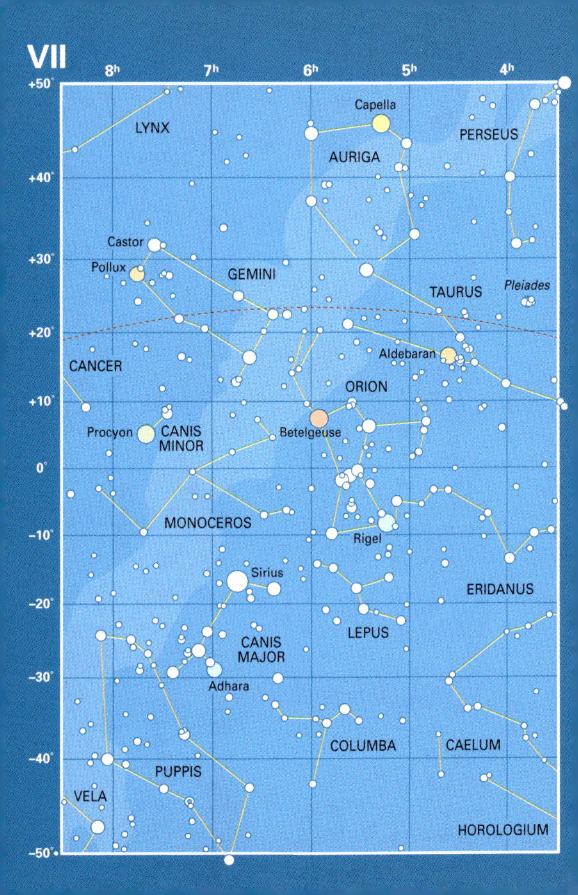
VII
8h
7h
6h
5h
4h
+50°
+40°
+30°
+20°
+10°
0°
-10°
-20°
-30°
-40°
-50°
LYNX
Capella
AURIGA
PERSEUS
Castor
Pollux
GEMINI
TAURUS
Pleiades
CANCER
Aldebaran
ORION
Procyon
CANIS
MINOR
Betelgeuse
MONOCEROS
Rigel
Sirius
ERIDANUS
CANIS
MAJOR
LEPUS
Adhara
COLUMBA
CAELUM
PUPPIS
VELA
HOROLOGIUM

4h
3h
2h
1h
0h
+50°
+40°
+30°
+20°
+10°
0°
−10°
−20°
−30°
−40°
−50°
PERSEUS
Algol
ANDROMEDA
TRIANGULUM
Pleiades
ARIES
PEGASUS
TAURUS
ECLIPTICA
PISCES
Mira
CETUS
ERIDANUS
FORNAX
SCULPTOR
PHOENIX
HOROLOGIUM

IX
CENTAURUS
CRUX
Mimosa
Hadar
Acrux
Rigil
Kent
LUPUS
CIRCINUS
CARINA
NORMA
MUSCA
TRIANGULUM
AUSTRALE
SCORPIUS
CHAMAELEON
ARA
APUS
-90°
OCTANS
TELESCOPIUM
PAVO
CORONA
AUST.
HYDRUS
SAGITTARIUS
INDUS
TUCANA
MIC
GRUS
PHOENIX
12h
13h
14h
15h
16h
17h
18h
19h
20h
21h
22h
23h
0h
-40°
-50°
-60°
-70°
-80°
-70°
-60°
-50°
-40°
Magnitudes
0
1
2

X

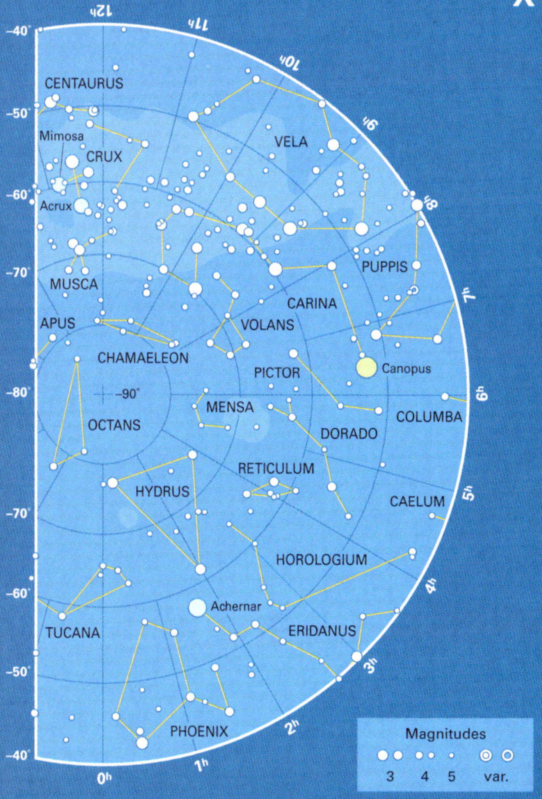
12h
11h
10h
9h
8h
7h
6h
5h
4h
3h
2h
1h
0h
-40°
-50°
-60°
-70°
-80°
-90°
CENTAURUS
Mimosa
CRUX
Acrux
VELA
PUPPIS
MUSCA
APUS
CARINA
VOLANS
CHAMAELEON
PICTOR
Canopus
OCTANS
MENSA
COLUMBA
DORADO
RETICULUM
HYDRUS
CAELUM
HOROLOGIUM
Achernar
TUCANA
ERIDANUS
PHOENIX
Magnitudes
3
4
5
var.

Constelaciones

ANDROMEDA

Extensa constelación del hemisferio Norte celeste que representa a la hija de la reina Casiopea y el rey Cefeo. En la mitología griega, Andrómeda fue encadenada a una roca como sacrificio al monstruo marino Cetus, pero fue salvada de una muerte segura por la intervención del héroe Perseo.

ESTRELLA BRILLANTE

α (alpha) *Andromedae* (*Alpheratz* o *Sirrah*) es blanco azulosa de mag. 2,1. Sus nombres alternativos vienen del árabe y significan ombligo del caballo, porque fue una vez considerada parte del vecino *Pegasus.* Ahora representa la cabeza de *Andromeda*.

SISTEMA PLANETARIO

υ (upsilon) *Andromedae,* una estrella de mag. 4, a 44 a.l. de distancia; es la primera estrella alrededor de la cual un sistema de varios planetas ha sido detectado por astrónomos profesionales.

ESTRELLAS DOBLES

γ (gamma) *Andromedae* es una estrella doble gloriosa. Los pequeños telescopios separan sus componentes de mags. 2,2 y 4,8. El contraste de sus colores amarillo y azul las convierte en una de las atractivas dobles del cielo.

►

ANDROMEDA

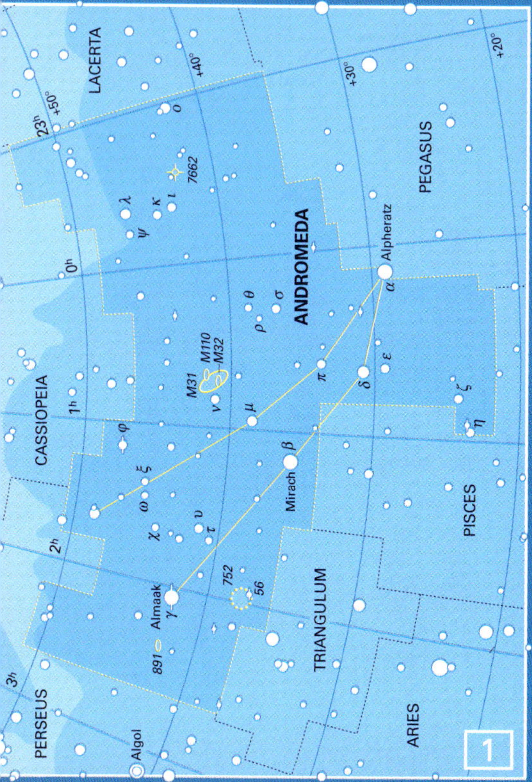

ANDROMEDA
LACERTA
PEGASUS
CASSIOPEIA
PISCES
PERSEUS
TRIANGULUM
ARIES
Alpheratz
Mirach
Almaak
Algol
M31
M110
M32
7662
752
56
891
23h
0h
1h
2h
3h
+50°
+40°
+30°
+20°
1

56 *Andromedae* es una pareja de estrellas no relacionadas naranja gigantes de mag. 6, separables con binoculares, cerca del cúmulo de estrellas *NGC 752*.

CÚMULO ABIERTO

NGC 752 es un extenso y esparcido cúmulo visible en binoculares de alrededor de 60 estrellas de mags. 9 y 10.

GALAXIAS

M31 (NGC 224), la Gran Galaxia de Andrómeda, es el más distante objeto observable a simple vista. Es una galaxia espiral similar a nuestra Vía Láctea, localizada al menos a 2,4 millones de a.l.; los binoculares muestran su perfil muy alargado y su núcleo redondo. Solamente la parte central de la galaxia es visible a través de instrumentos aficionados. Fotografías revelan su extensión completa y abarca cerca de 3° del cielo, es decir, seis veces el ancho de la Luna llena. También visible en telescopios aficionados está la galaxia satélite *M32* ó *NGC 221,* la cual aparece como una velluda estrella de mag. 8, a 1/2° al sur del núcleo de *M31*. Otra galaxia satélite, conocida como *M110* ó *NGC 205,* es más grande pero más tenue, y se encuentra a 1° al noroeste de *M31*.

NEBULOSA PLANETARIA

NGC 7662 es una de las más fáciles nebulosas planetarias para ver en los telescopios pequeños de aficionados. Con grandes aumentos aparece como un velludo disco azul verdoso con un perfil elíptico.

La Galaxia de Andrómeda, M31, con sus compañeras M32 (abajo al centro) y M110 (arriba a la derecha). Bill Schoening, Vanesa Harvey/ Programa REU/AURA/NOAO/NSF

ANTLIA La Bomba de Aire

Una débil y oscura constelación en el hemisferio Sur celeste, representa la bomba inventada por el físico francés Denis Papin. No hay estrellas brillantes en *Antlia*.

Estrella doble

ζ^1 ζ^2 (zeta^1 zeta^2) *Antliae* es una separada pareja de estrellas de mag. 6, fácilmente observables en los binoculares. Los pequeños telescopios muestran que ζ1 *Antliae* tiene una compañera de mag. 7.

APUS El Ave del Paraíso

Una constelación poco destacada en la región del polo Sur celeste. No contiene estrellas brillantes.

Estrella doble

δ^1 δ^2 (delta^1 delta^2) *Apodis* es una pareja de estrellas naranjas de mag. 5, fácilmente visibles con los binoculares.

ANTLIA

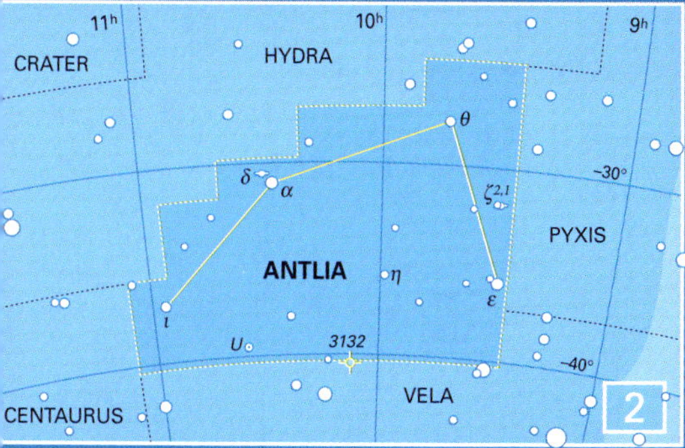

11h
10h
9h
CRATER
HYDRA
ANTLIA
PYXIS
-30°
-40°
3132
U
CENTAURUS
VELA
2

APUS

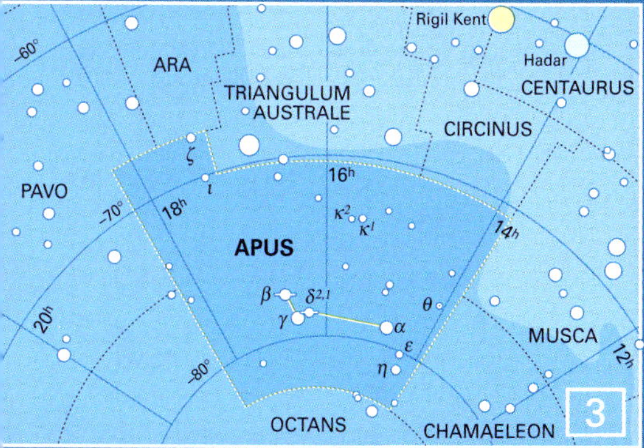

Rigil Kent
Hadar
ARA
TRIANGULUM
AUSTRALE
CENTAURUS
CIRCINUS
PAVO
-60°
-70°
-80°
18h
16h
14h
20h
12h
APUS
MUSCA
OCTANS
CHAMAELEON
3

AQUARIUS El Aguador

Una constelación del Zodiaco en la cual el Sol pasa desde finales de febrero hasta mediados de marzo. *Aquarius* representa un hombre cargando agua en un jarro.

Estrella doble

ζ (zeta) *Aquarii* es la estrella central del grupo que representa el jarro con agua de *Aquarius.* Es un par cerrado de estrellas blancas de mag. 4 se necesitan telescopios de al menos 75 mm de apertura y gran aumento para separarlas.

Cúmulos Globulares

M2 (NGC 7089) es un cúmulo globular de mag. 6. Aparece como un parche en los pequeños telescopios.

M72 (NGC 6981) es un cúmulo globular de mag. 9, poco impresionante en pequeños telescopios.

Nebulosa planetaria

NGC 7009, la Nebulosa Saturno, aparece como un pequeño disco verdoso de mag. 8 en los telescopios pequeños. Se llama Nebulosa Saturno porque en telescopios grandes se parece al planeta Saturno.

NGC 7293, la Nebulosa de la Hélice, es la nebulosa planetaria más cercana a nosotros, a cerca de 300 a.l. de distancia, y es la de mayor en tamaño aparente: su diámetro es de 1/4°, la mitad de la Luna. Aunque ▶

AQUARIUS

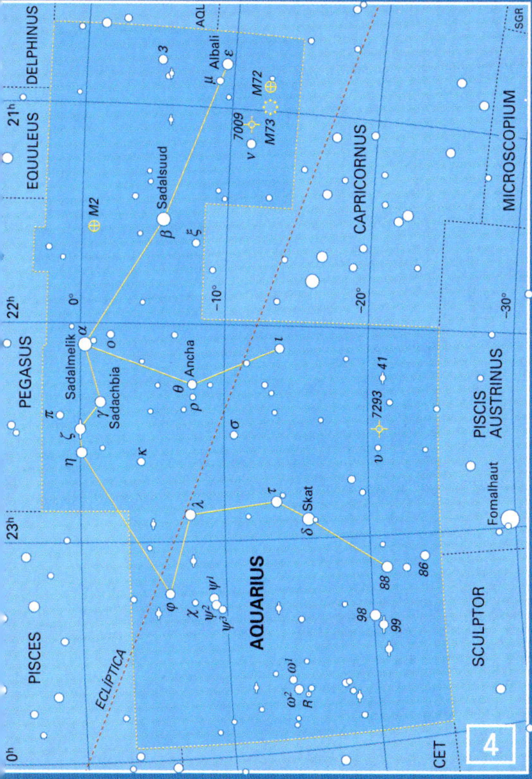

DELPHINUS
EQUULEUS
PEGASUS
PISCES
AQL
SGR
CAPRICORNUS
MICROSCOPIUM
PISCIS AUSTRINUS
SCULPTOR
CET
AQUARIUS
ECLÍPTICA
21h
22h
23h
0h
0°
-10°
-20°
-30°
Albali
Sadalsuud
Sadalmelik
Sadachbia
Ancha
Skat
Fomalhaut
M2
M72
M73
7009
7293
3
41
86
88
98
99
R
4

grande es tenue, y se ve mejor con binoculares o con telescopios con bajo aumento. Su completa belleza se destaca en fotografías de larga exposición, en donde aparece como dos bucles de gas sobrepuestos.

Meteoritos

Tres lluvias de meteoritos radian desde *Aquarius* cada año. La más rica, η (eta) Aquaridas, alcanza un máximo de 35 meteoritos por hora alrededor del 5 de mayo; la δ (delta) Aquaridas produce cerca de 20 meteoritos por hora alrededor del 29 de julio; y el 6 de agosto la ι (iota) Aquaridas alcanza cerca de ocho meteoritos por hora.

AQUILA El Águila

Una constelación encajada sobre el ecuador celeste que representa un águila.

Estrella brillante

α (alpha) *Aquilae* (del árabe *altair,* águila voladora), es una estrella blanca de mag. 0,8. Forma una esquina del llamado Triángulo del Verano de estrellas; las otras dos estrellas son *Deneb* en Cygnus y *Vega* en Lyra. *Altair* está a 17 a.l. de distancia, muy cercana a nosotros.

Estrellas variables

η (eta) *Aquilae* es una de las Cefeidas variables más brillantes, con un rango de 3,6 a 4,5 mag. cada 7,2 días. *R Aquilae* es una variable gigante roja del mismo tipo de *Mira,* la cual entra en el alcance de los binoculares ▶

AQUILA

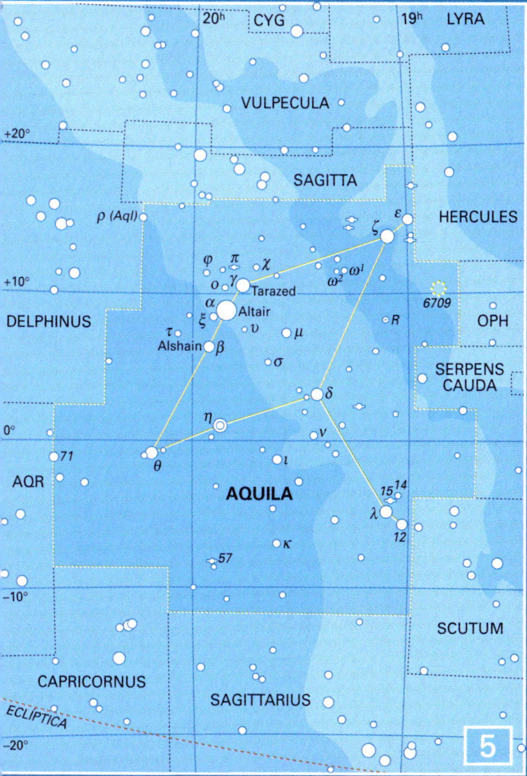

20^h
CYG
19^h
LYRA
VULPECULA
+20°
SAGITTA
HERCULES
ρ (Aql)
ε
ζ
φ
π
χ
ω^1
ω^2
o
γ
Tarazed
+10°
6709
α
Altair
R
OPH
DELPHINUS
ξ
τ
υ
μ
Alshain
β
σ
SERPENS CAUDA
δ
η
0°
ν
71
θ
ι
AQR
AQUILA
15
14
λ
12
κ
57
–10°
SCUTUM
CAPRICORNUS
SAGITTARIUS
ECLIPTICA
–20°

más o menos cada nueve meses, y alcanza la mag. 5,5 en su mejor momento.

Estrellas dobles

15 Aquilae es una gigante naranja de mag. 5 con una compañera de mag. 7, fácilmente visible en pequeños telescopios.

57 Aquilae es una fácil pareja de estrellas de mag. 6 para pequeños telescopios.

ARA El Altar

Esta pequeña constelación del hemisferio Sur celeste fue visualizada por los griegos como el altar en el cual los dioses del Olimpo hicieron un juramento de lealtad. No tiene estrellas más brillantes de mag. 3.

Cúmulo abierto

NGC 6193 es un cúmulo visible en binoculares de cerca de 30 estrellas, la más brillante de mag. 6.

Cúmulo globular

NGC 6397 es un cúmulo globular relativamente cercano, a 10.500 a.l. de distancia. En los binoculares y pequeños telescopios se muestra como de mag. 6 y aparenta cerca de la mitad del tamaño de la Luna.

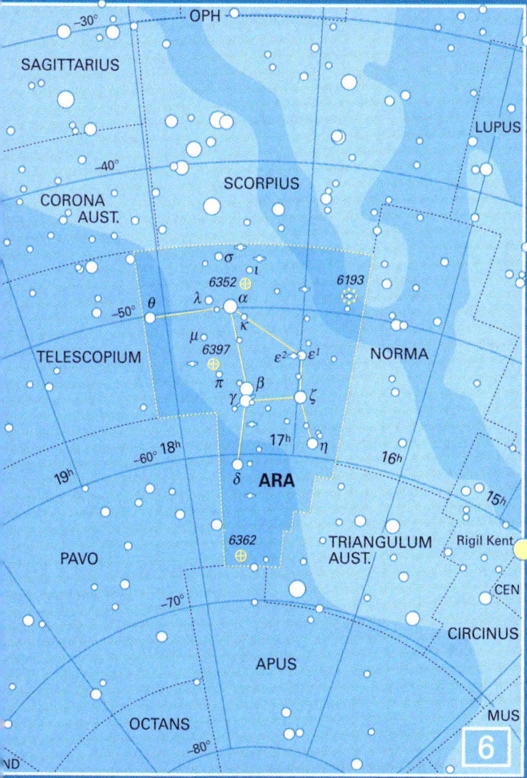

OPH
-30°
SAGITTARIUS
LUPUS
-40°
SCORPIUS
CORONA
AUST.
σ
ι
6352
6193
λ
α
θ
-50°
κ
μ
6397
ε2
ε1
NORMA
TELESCOPIUM
π
β
γ
ζ
17h
η
-60°
18h
16h
19h
δ
ARA
15h
6362
TRIANGULUM
AUST.
Rigil Kent
PAVO
CEN
-70°
CIRCINUS
APUS
MUS
OCTANS
-80°
ND

ARIES El Carnero

Importante constelación del Zodiaco; el Sol está en *Aries* desde finales de abril hasta mediados de mayo. *Aries* representa el carnero cuyo vellocino de oro fue buscado por Jasón y los Argonautas. La importancia de *Aries* yace en que una vez albergaba al equinoccio vernal, el punto donde el Sol cruza el ecuador celeste al moverse del Sur al Norte; este es el punto cero de la ascensión recta, el equivalente celeste del meridiano de Greenwich. El efecto de precesión ha movido ahora el equinoccio vernal hacia la vecina *Pisces*, pero por razones históricas aún nos referimos al equinoccio vernal como el Primer Punto de Aries.

ESTRELLA BRILLANTE

α (alpha) *Arietis* (del árabe *hamal,* que significa cordero) es una amarilla gigante de mag. 2,0.

ESTRELLAS DOBLES

γ (gamma) *Arietis* es una fácil pareja para telescopios pequeños, que consta de dos estrellas blancas de mag. 5.

λ (lambda) *Arietis* es una estrella blanca de mag. 5 con una compañera de mag. 7, visible con binoculares o pequeños telescopios.

π (pi) *Arietis,* una estrella blanca azulosa de mag. 5, tiene una compañera cercana de mag. 8 visible en pequeños telescopios con grandes aumentos.

ARIES

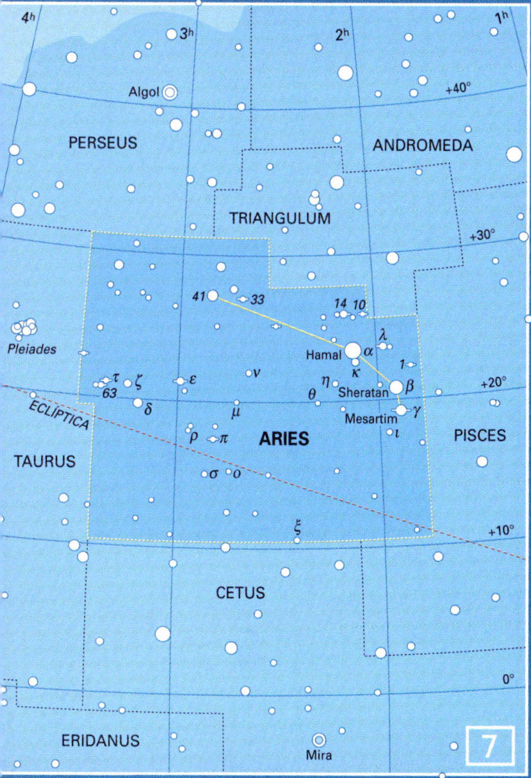

4h
3h
2h
1h
Algol
+40°
PERSEUS
ANDROMEDA
TRIANGULUM
+30°
41
33
14
10
Pleiades
Hamal
τ
63
ζ
ε
ν
η
θ
Sheratan
β
+20°
δ
μ
Mesartim
γ
ECLÍPTICA
ρ
π
ARIES
ι
PISCES
TAURUS
σ
ο
ξ
+10°
CETUS
0°
ERIDANUS
Mira

AURIGA El Cochero

Esta extensa constelación de los cielos del Norte representa a un cochero. El perfil de la constelación se completa con la estrella una vez conocida como γ (gamma) *Aurigae,* ahora asignada a *Taurus* y conocida en esta constelación como β (beta) *Tauri.*

Estrella brillante

α (alpha) *Aurigae* (Capella), mag. 0,1 es la sexta estrella en brillo de todo el cielo. Es una cerrada pareja de amarillas gigantes a 42 a.l. de distancia.

Estrellas variables

ε (epsilon) *Aurigae* es una binaria eclipsante de período excepcionalmente largo. Cada 27 años disminuye de mag. 2,9 a 3,8 cuando es eclipsada por una compañía oscura; el eclipse dura un año completo. El próximo eclipse comenzará en 2009.

RT Aurigae es una Cefeida variable que aumenta y cae entre mags. 5,0 y 5,8 cada 3,7 días.

Estrellas dobles

θ (theta) *Aurigae* es una doble cerrada de mag. 2,6 con una compañera de mag. 7 y que requiere al menos 100 mm de apertura y altos aumentos para distinguirla.

4 Aurigae es una estrella doble para pequeños telescopios que consta de estrellas de mags. 5 y 8.

AURIGA

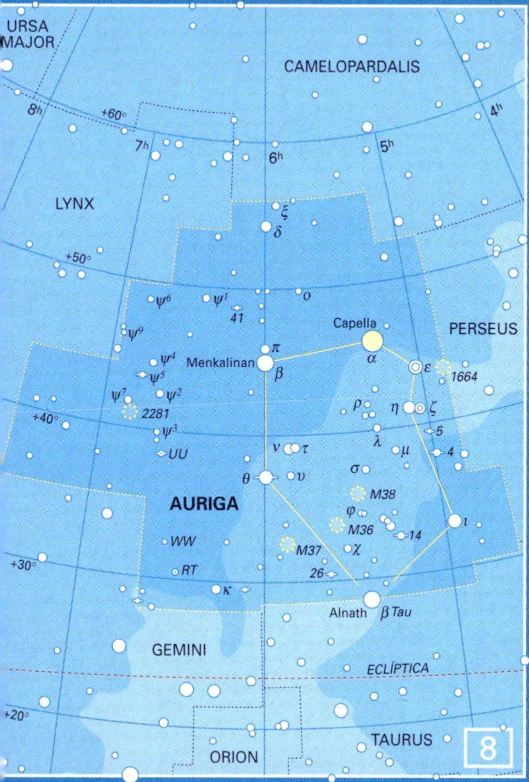

URSA MAJOR
CAMELOPARDALIS
8h
+60°
4h
7h
6h
5h
LYNX
ξ
δ
+50°
ψ6
ψ1
ο
41
Capella
PERSEUS
ψ9
π
α
Menkalinan
β
ε
1664
ψ4
ψ5
ψ7
ψ2
ρ
η
ζ
2281
+40°
ψ3
5
λ
UU
ν
τ
μ
4
θ
υ
σ
M38
AURIGA
φ
M36
ι
14
WW
M37
χ
+30°
RT
26
κ
Alnath
β Tau
GEMINI
ECLÍPTICA
+20°
TAURUS
ORION
8

Cúmulos abiertos
M36 (NGC 1960) es un cúmulo visible en binoculares de 60 estrellas.

M37 (NGC 2099) es el más rico de los cúmulos en *Auriga*, con cerca de 150 estrellas.

M38 (NGC 1912) es un extenso y disperso cúmulo binocular de alrededor de 100 estrellas. Al Sur se encuentra *NGC 1907*, un cúmulo más tenue y pequeño.

BOÖTES El Pastor

Esta extensa constelación del hemisferio Norte celeste representa un hombre arreando un oso (la vecina constelación *Ursa Major*).

Estrella brillante
α (alpha) *Boötis* (del griego *arcturus*, que significa guardián de la osa), mag. – 0,1 es la cuarta estrella en brillo del cielo. Es una gigante naranja a 37 a.l. de distancia.

Estrellas dobles
ε (epsilon) *Boötis* (*Izar* o *Pulcherrima*) es un glorioso pero difícil par con colores contrastantes naranja y azul, de mags. 3 y 5. Su cerramiento requiere al menos 75 mm de apertura y alto aumento para separarlas.

μ (mu) *Boötis*, una estrella blanca azulosa de mag. 4, tiene una compañera binocular de mag. 7. La ►

BOÖTES

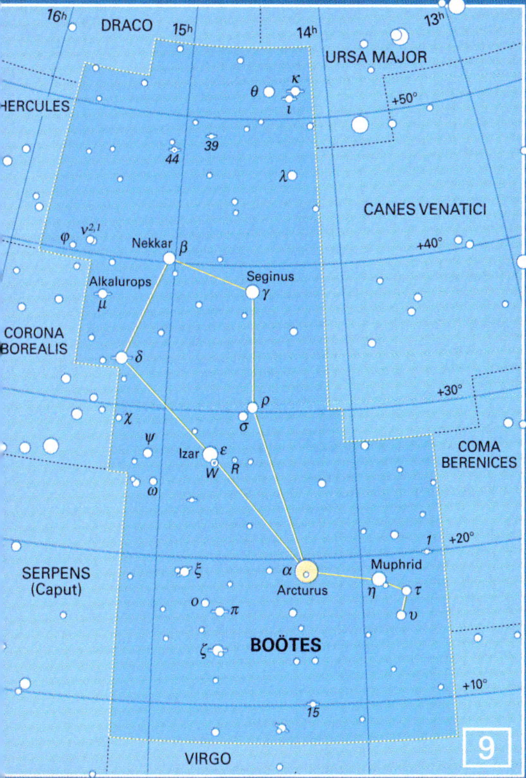

16h
DRACO
15h
14h
13h
URSA MAJOR
HERCULES
+50°
θ
κ
ι
39
44
λ
CANES VENATICI
φ
ν2,1
Nekkar
β
+40°
Seginus
γ
Alkalurops
μ
CORONA
BOREALIS
δ
+30°
ρ
σ
χ
ψ
Izar
ε
W
R
COMA
BERENICES
ω
1
+20°
Muphrid
SERPENS
(Caput)
ξ
α
Arcturus
η
τ
ο
π
υ
BOÖTES
ζ
+10°
15
VIRGO
9

compañera es a su vez doble, como se revela en grandes aumentos en telescopios de al menos 75 mm de apertura.

ν^1 ν^2 (nu^1 nu^2) *Boötis* es una pareja amplia de estrellas naranja y blanca no conectadas, de mag. 5.

ξ (xi) *Boötis* es un bello dúo para pequeños telescopios, que consta de estrellas amarilla y naranja de mags. 5 y 7.

METEORITOS

Las Quadrántidas, la más abundante lluvia de estrellas del año, radia desde la parte norte de *Boötes*, y alcanza un máximo de 100 meteoritos por hora en enero 2 y 3. La lluvia toma su nombre de la ahora abandonada constelación *Quadrans Muralis,* el Mural Cuadrante, que una vez ocupó esta área del cielo. Aunque ellas son copiosas, las Quadrántidas no son tan brillantes como otras grandes lluvias como las Perseidas.

CAELUM El Cincel

Una tenue pero fácilmente distinguible constelación de los cielos del Sur. Su estrella más brillante es de mag. 4.

ESTRELLA DOBLE

γ (gamma) *Caeli* es una pareja de estrellas de mags. 5 y 8 para pequeños telescopios.

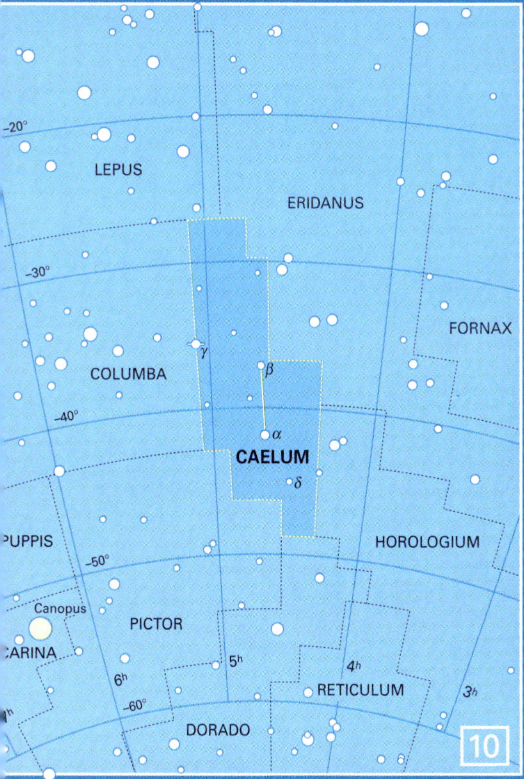
-20°
LEPUS
ERIDANUS
-30°
FORNAX
γ
β
COLUMBA
-40°
α
CAELUM
δ
PUPPIS
HOROLOGIUM
-50°
Canopus
PICTOR
CARINA
5h
4h
6h
RETICULUM
3h
-60°
DORADO

CAMELOPARDALIS La Jirafa

Esta extensa pero poco notoria constelación en la región polar Norte del cielo, también se llama *Camelopardus.* Sus estrellas más brillantes son de mag. 4.

ESTRELLA DOBLE

β (beta) *Camelopardalis* es una supergigante amarilla de mag. 4,0, la estrella más brillante en la constelación; tiene una separada compañera de mag. 7, visible en pequeños telescopios y buenos binoculares.

Struve 1694 (Σ 1694), también conocida como *32 Cam,* es un atractivo par de estrellas blancas de mags. 5 y 6, fácilmente separables en pequeños telescopios.

CÚMULO ABIERTO

NGC 1502 es un pequeño cúmulo visible en binoculares de alrededor de 45 estrellas. Pequeños telescopios revelan una cómoda estrella doble de mag. 7 en su centro. Note también la contigua cadena de pequeñas estrellas llamada la Cascada de Kemble, la cual se extiende como 5 diámetros de la Luna.

GALAXIA

NGC 2403 es una galaxia espiral de mag. 8, visible con binoculares o pequeños telescopios en buenas condiciones.

CAMELOPARDALIS

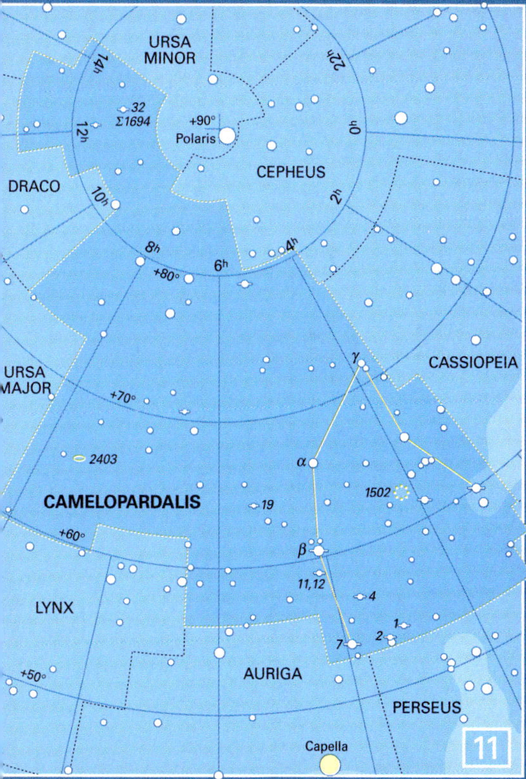

CANCER El Cangrejo

Esta es una constelación del Zodiaco, cuyos límites interiores el Sol visita desde finales de julio hasta principios de agosto. La constelación representa al cangrejo que atacó a Hércules durante su lucha con Hydra. En tiempos pasados, el Sol estaba en *Cancer* cuando se encontraba en el lugar más lejano al norte del ecuador celeste (el solsticio de verano en el Norte, junio 21). Así, la latitud en la Tierra en la cual el Sol aparece verticalmente encima cuando se encuentra en el punto más lejano al Norte vino a conocerse como el Trópico de Cáncer. Sin embargo, a causa del efecto de precesión, el Sol ahora se localiza en la vecina *Gemini*, en el momento del solsticio de verano.

ESTRELLAS DOBLES

ζ (zeta) *Cancri* es una pareja de estrellas amarillas de mags. 5 y 6, visibles por pequeños telescopios.

ι (iota) *Cancri* es una gigante amarilla de mag. 4 con una compañera de mag. 7, visible con pequeños telescopios.

CÚMULO ABIERTO

M44 (NGC 2632), Praesepe (el pesebre), popularmente conocido como La Colmena, es un extenso enjambre de cerca de 50 estrellas de mag. 6 ó menos. A ojo desnudo aparece como un parche brumoso. Se ve mejor con binoculares a causa de su gran tamaño, y cubre $1^1/_2$° del cielo, tres veces el diámetro aparente de la Luna llena. Está a 577 a.l.

CANCER

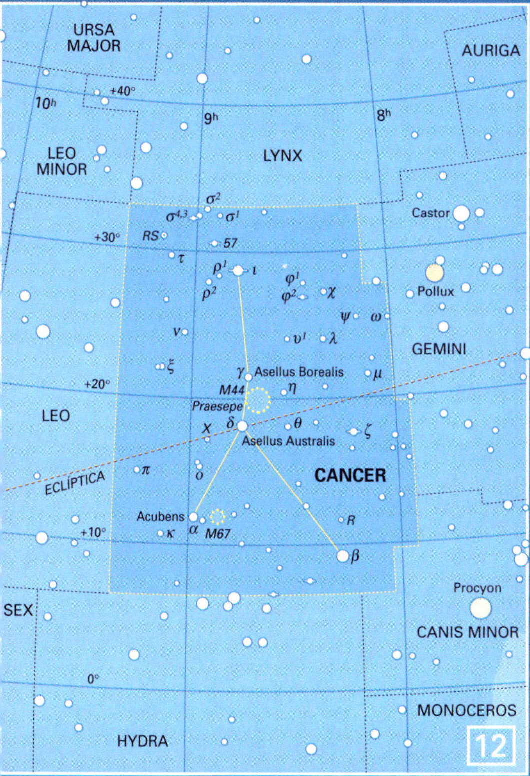

URSA MAJOR
AURIGA
+40°
10h
9h
8h
LEO MINOR
LYNX
σ^2
$\sigma^{4,3}$
σ^1
Castor
+30°
RS
57
τ
ρ^1
ι
φ^1
φ^2
χ
ρ^2
Pollux
ψ
ω
ν
υ^1
λ
GEMINI
ξ
γ
Asellus Borealis
μ
+20°
M44
η
Praesepe
LEO
χ
δ
θ
ζ
Asellus Australis
π
ο
CANCER
ECLÍPTICA
Acubens
α
M67
R
κ
+10°
β
Procyon
SEX
CANIS MINOR
0°
MONOCEROS
HYDRA
12

CANES VENATICI Los Perros de Caza

Una constelación del hemisferio Norte celeste representa los dos perros de *Boötes*, el Pastor, la constelación vecina.

ESTRELLA DOBLE

α (alpha) *Canum Venaticorum* es conocida como Cor Caroli, que significa el Corazón de Carlos, en honor del decapitado rey Carlos I de Inglaterra. Es una estrella blanca azulosa de mag. 2,9 con una compañera de mag. 6, visible en pequeños telescopios.

CÚMULO GLOBULAR

M3 (NGC 5272) de mag. 6, es visible como un parche brumoso en los binoculares. Aunque telescopios de 100 mm son necesarios para resolver las estrellas individuales, los telescopios pequeños la muestran como una delicada esfera de luz brillante.

GALAXIAS

M51 (NGC 5194) es la famosa Galaxia Remolino, una espiral con una galaxia satélite, NGC 5195, al final de uno de sus brazos. Se necesitan grandes telescopios para mostrarla; en telescopios pequeños aparece como un parche brumoso con puntos brillantes marcando el núcleo de la galaxia principal y su satélite.

M94 (NGC 4736) es una galaxia espiral de mag. 8 vista de frente, que luce en los telescopios de aficionados como un pequeño cometa.

CANES VENATICI

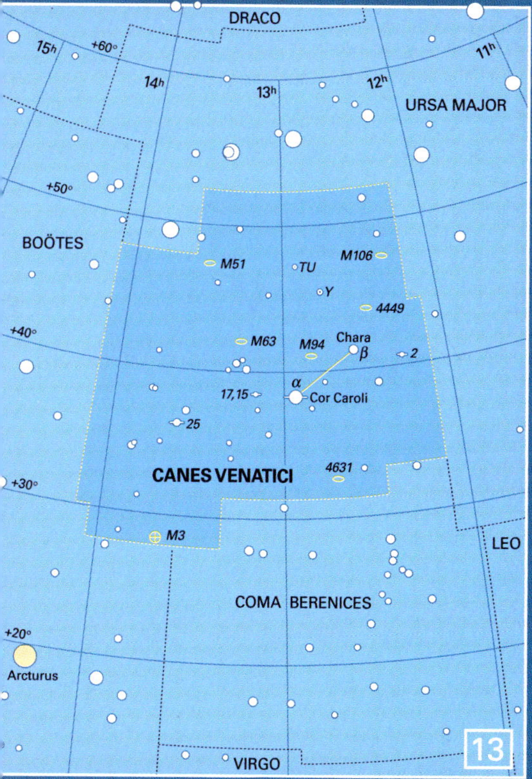

CANIS MAJOR El Can Mayor

Esta prominente constelación del hemisferio Sur del cielo contiene muchas brillantes estrellas, con *Sirius*, la estrella más brillante de todas. Representa a uno de los canes de Orión; el otro can se representa por *Canis Minor*.

ESTRELLAS BRILLANTES

α (alpha) *Canis Majoris* (del griego *Sirius,* que significa quemante o abrasador) es la estrella más brillante de todo el cielo, de mag. –1,4. Es una estrella blanca a 8,6 a.l., una de las más cercanas al Sol. Tiene una compañera enana blanca de mag. 8 que la orbita cada 50 años; esta estrella, *Sirius B,* es visible sólo en grandes telescopios.

β (beta) *Canis Majoris* (*Mirzam,* "el Heraldo" de *Sirius*) es una gigante azul de mag. 2,0.

δ (delta) *Canis Majoris* (*Wezen*) es una supergigante blanca amarillenta de mag. 1,8 a 1.800 a.l. de distancia.

ε (epsilon) *Canis Majoris* (*Adhara*), mag. 1,5 es una gigante azul con una compañera de mag. 7, difícil de ver en pequeños telescopios a causa del resplandor de la estrella principal.

CÚMULO ABIERTO

M41 (NGC 2287) es un extenso y brillante cúmulo cuya estrella más brillante es de mag. 7. Es apenas visible a ojo desnudo y se observa bien con binoculares y

CANIS MAJOR

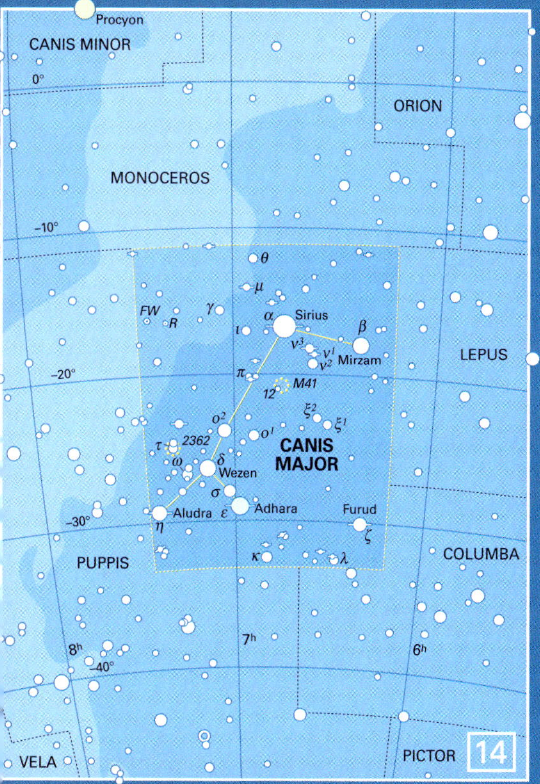

Procyon
CANIS MINOR
0°
ORION
MONOCEROS
–10°
θ
μ
FW
R
γ
α
Sirius
β
ι
ν3
ν1
ν2
Mirzam
LEPUS
–20°
π
M41
12
ξ2
ξ1
o2
o1
τ
2362
CANIS MAJOR
ω
δ
Wezen
σ
Adhara
Aludra
ε
Furud
–30°
η
ζ
PUPPIS
κ
λ
COLUMBA
7h
8h
6h
–40°
VELA
PICTOR
14

pequeños telescopios. Sus estrellas más brillantes aparecen dispuestas en cadenas.

NGC 2362 es un cúmulo compacto para pequeños telescopios, que rodean a la supergigante azul de mag. 4 τ (tau) *Canis Majoris*.

CANIS MINOR El Can Menor

Esta pequeña constelación sobre el ecuador celeste representa al más pequeño de los dos canes de Orión; *Canis Major* es el más grande. Aparte de *Procyon,* su estrella más brillante, tiene poco interés. *Procyon* forma un triángulo de brillantes estrellas con *Sirius* (*Canis Major*) y *Betelgeuse* (Orión).

Estrella brillante

α (alpha) *Canis Minoris* (del griego *procyon,* que significa antes del can, pues aparece antes que *Canis Major*), mag. 0,4 es la octava estrella en brillo del cielo. Es una estrella blanca amarillenta a 11,4 a.l. de distancia, una de las más cercanas al Sol.

CANIS MINOR

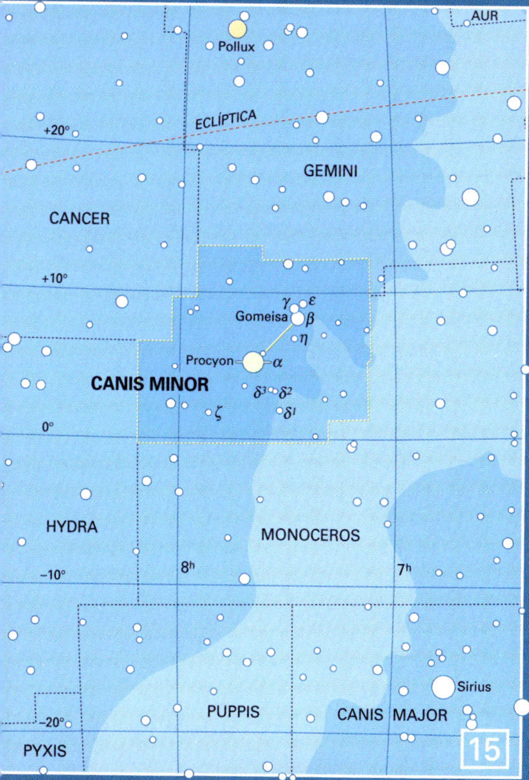

AUR
Pollux
ECLÍPTICA
+20°
GEMINI
CANCER
+10°
γ ε
Gomeisa β
η
Procyon α
CANIS MINOR
δ3 δ2
ζ δ1
0°
HYDRA
MONOCEROS
8h
7h
−10°
Sirius
PUPPIS
CANIS MAJOR
−20°
PYXIS

CAPRICORNUS El Pez Cabra

La constelación más pequeña del Zodiaco a través de la cual el Sol pasa desde finales de enero hasta mediados de febrero. Representa una cabra con cola de pez. En tiempos remotos, el Sol estaba en *Capricornus* en el solsticio de invierno del Norte, el punto más lejano al Sur del ecuador. El efecto de precesión ha movido ahora el solsticio de invierno hacia la vecina *Sagittarius,* pero la latitud en la Tierra en la cual el Sol aparece vertical sobre nuestras cabezas ese día es conocida aún como el Trópico de Capricornio.

ESTRELLAS DOBLES

α (alpha) *Capricorni* (del árabe *algedi o giedi,* que significa el cabrito) es una pareja a simple vista de estrellas de mag. 4 no relacionadas, una supergigante amarilla y la otra una gigante naranja. Cada estrella a su vez es doble. Pequeños telescopios muestran que α^1 (alpha1) *Capricorni,* la más tenue del par, tiene un compañera de mag. 9, y α^2 (alpha^2) *Capricorni* tiene una compañera de mag. 11.

β (beta) *Capricorni* es una estrella de mag. 3 con una compañera de mag. 6 para binoculares o telescopios pequeños.

CÚMULO GLOBULAR

M30 (NGC 7099) es un cúmulo de mag. 8 junto a la estrella 41 *Capricorni* de mag 5.

CAPRICORNUS

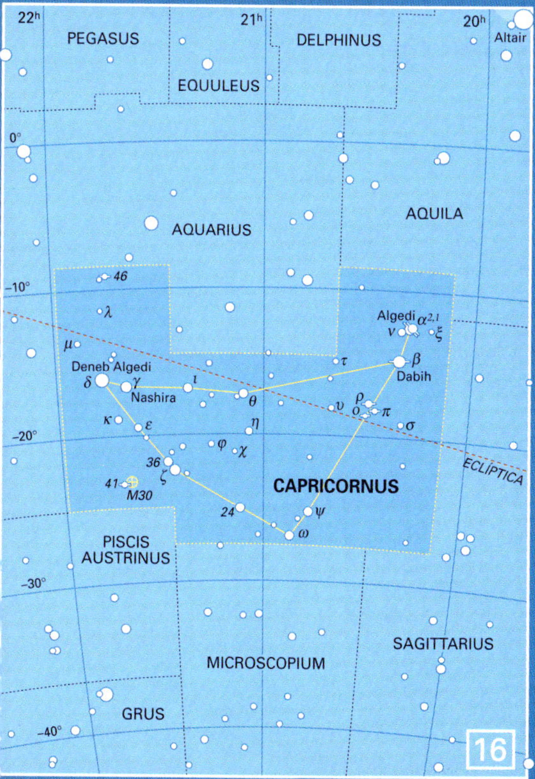

CARINA La Quilla

Esta constelación del hemisferio Sur celeste es una de las partes en las cuales fue dividida la constelación *Argo Navis*. Se encuentra en un área de la Vía Láctea, rica en cúmulos y nebulosas. Las estrellas ι (iota) y ε (epsilon) *Carinae*, junto a κ (kappa) y δ (delta) *Velorum* forman la llamada Falsa Cruz, la cual puede confundirse con la verdadera Cruz del Sur.

ESTRELLAS BRILLANTES

α (alpha) *Carinae* (*Canopus*), mag. –0,6 es la segunda estrella en brillo del cielo. Es una supergigante blanca a más de 300 a.l. de distancia.

β (beta) *Carinae* (*Miaplacidus*) es una estrella blanca azulosa de mag. 1,7.

ε (epsilon) *Carinae* es una estrella naranja gigante de mag. 1,9.

ESTRELLAS VARIABLES

η (eta) *Carinae* tiene un extraño comportamiento. En 1843 se encendió hasta mag. –1, luego se estabilizó en alrededor de mag. 6 hasta 1998, cuando brilló en la mag. 5. Está dentro de la nebulosa *NGC 3372* (p. 89). Se cree que es una estrella supergigante inestable con una masa mayor a 100 soles que arroja escudos de gases y polvo a intervalos regulares, o un binaria masiva. Se espera que se convierta en una supernova en los próximos 10.000 años.

▶

CARINA

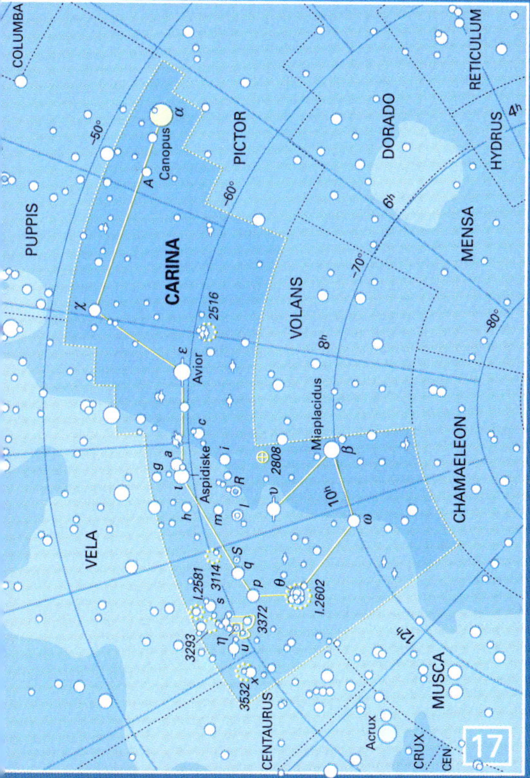

COLUMBA
PUPPIS
PICTOR
DORADO
RETICULUM
HYDRUS
MENSA
VOLANS
CARINA
VELA
CHAMAELEON
MUSCA
CENTAURUS
CRUX
CEN
Canopus
Avior
Aspidiske
Miaplacidus
Acrux
-50°
-60°
-70°
-80°
4h
6h
8h
10h
12h
2516
2808
3114
3372
3293
3532
I.2581
I.2602

1 Carinae es una variable Cefeida que fluctúa entre las mags. 3,3 y 4,2 cada 35,5 días.

R Carinae es una gigante roja variable del mismo tipo de *Mira*. Tiene un período de cerca de 10 meses y alcanza la mag. 4 en su mayor brillo.

Estrella doble

υ (upsilon) *Carinae* es una estrella blanca de mag. 3 con una compañera de mag. 6 visible en pequeños telescopios.

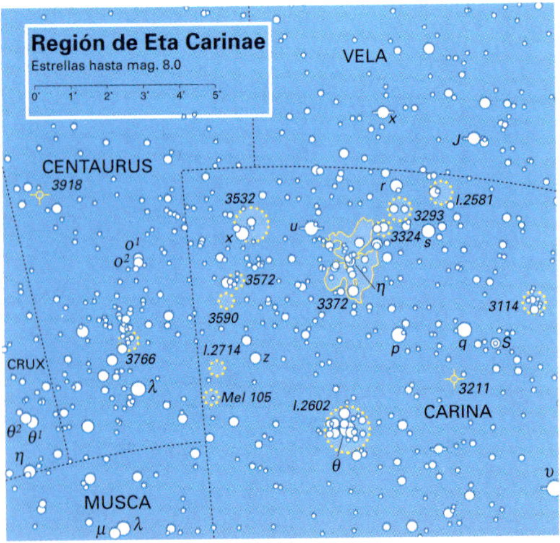

CÚMULOS ABIERTOS

IC 2602 es un enorme y brillante cúmulo algunas veces llamado las Pleiades del Sur, centrado sobre θ (theta) *Carinae,* una estrella blanca azulosa de mag. 3. Contiene seis estrellas observables a simple vista y muchas más visibles en binoculares y pequeños telescopios; cubre 1° del cielo.

NGC 2516 es un extenso cúmulo visible en binoculares de 80 estrellas, que contiene una gigante roja y tres estrellas dobles de mags. 8 y 9 para telescopios pequeños.

NGC 3114 es un cúmulo visible en binoculares del ancho de la Luna, una pobre versión de *NGC 2516.*

NGC 3532 es un extenso cúmulo visible en binoculares de 150 estrellas de mag. 7 ó menos, en telescopios pequeños muestra su marcado perfil alargado. Una estrella amarilla de mag. 4 en uno de sus bordes no es un miembro del cúmulo, sino una mucho más distante supergigante.

NEBULOSA

NGC 3372, la *Nebulosa* η (eta) *Carinae,* es una nebulosa difusa visible a ojo desnudo, mayor que la Nebulosa de Orión. Está bisecada por una oscura línea de polvo en forma de V. *NGC 3372* contiene la estrella variable errática η *Carinae,* la cual yace en la parte central brillante de la nebulosa cerca de una hendidura oscura llamada el Ojo de la Cerradura.

CASSIOPEIA

Esta constelación del hemisferio Norte del cielo, en forma de W, representa a la mítica reina de Etiopía, esposa del rey Cefeo y madre de Andrómeda.

ESTRELLA VARIABLE

γ (gamma) *Cassiopeiae* es una inestable gigante azul que despide escudos de gas a intervalos irregulares, y causa variaciones impredecibles entre mags. 2 y 3.

ESTRELLAS DOBLES Y MÚLTIPLES

η (eta) *Cassiopeiae* es una bellísima estrella doble para pequeños telescopios que consta de elementos rojos y amarillos de mags. 4 y 7.

ι (iota) *Cassiopeiae* es una estrella blanca de mag. 5 con una compañera de mag. 8. La estrella más brillante tiene una cerrada compañera de mag. 7, visible con aperturas de 100 mm y alto aumento.

CÚMULOS ABIERTOS

M52 (NGC 7654) es un cúmulo visible en binoculares de cerca de 100 estrellas, algo perfilado en curva y con una destacada estrella naranja de mag. 8 en su borde.

NGC 457 es un atractivo cúmulo para pequeños telescopios, que incluye a la supergigante blanca de mag. 5 φ (phi) *Cassiopeiae.* Las estrellas de *NGC 457* lucen dispuestas en cadenas.

CASSIOPEIA

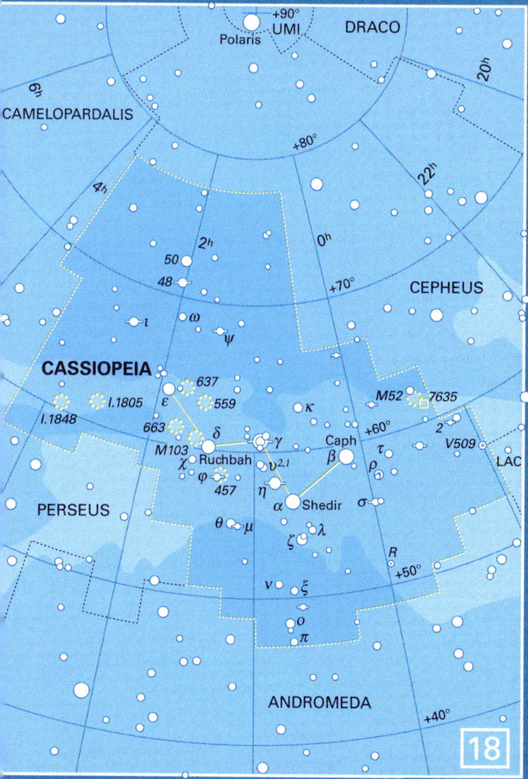

+90°
Polaris
UMI
DRACO
20h
6h
CAMELOPARDALIS
+80°
22h
4h
2h
0h
50
48
+70°
CEPHEUS
ι
ω
ψ
CASSIOPEIA
637
ε
559
I.1805
I.1848
M52
7635
κ
663
δ
γ
+60°
2
Caph
V509
M103
τ
LAC
χ
Ruchbah
υ2,1
β
φ
ρ
457
η
α
Shedir
σ
PERSEUS
θ
μ
λ
ζ
R
+50°
ν
ξ
ο
π
ANDROMEDA
+40°

CENTAURUS El Centauro

Esta constelación en el hemisferio Sur celeste representa a la mitológica bestia llamada Centauro. Contiene la estrella más cercana al Sol, α (alpha) *Centauri,* que es en realidad una familia de tres estrellas.

ESTRELLAS BRILLANTES

α (alpha) *Centauri* (del árabe *rigil kentaurus*, que significa pie del centauro) aparece a simple vista como una estrella de mag. –0,3, la tercera en brillo del cielo. Telescopios pequeños la separan en una pareja de estrellas amarillas de mags. 0,0 y 1,4 las cuales orbitan entre sí cada 80 años. Estas dos estrellas están a 4,4 a.l. de nosotros. Alrededor de 0,2 a.l. más cerca está la enana roja de mag. 11, llamada *Proxima Centauri;* esta es, en rigor, la estrella más cercana a nosotros. *Proxima Centauri* está a 2° en el cielo de sus dos brillantes compañeras, es decir, no entra en el mismo campo visual del telescopio.

β (beta) *Centauri* (*Hadar* o *Agena*) es una gigante azul de mag. 0,6 la undécima estrella en brillo del cielo. Una línea dibujada desde α a β *Centauri* apunta a *Crux,* la *Cruz del Sur.*

ESTRELLA DOBLE

3 Centauri es una linda pareja de estrellas blanca azulosas de mags. 5 y 6, separables a través de pequeños telescopios.

►

CENTAURUS

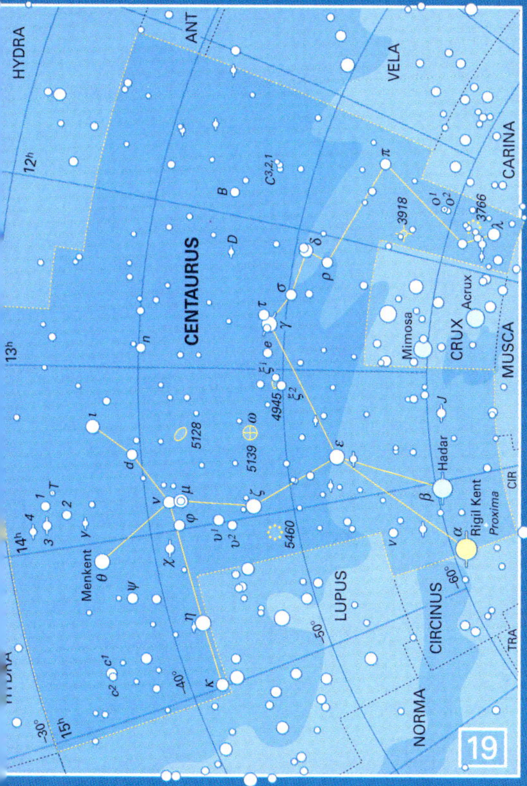
HYDRA
ANT
VELA
CARINA
CENTAURUS
CRUX
MUSCA
LUPUS
CIRCINUS
NORMA
CIR
TRA
Mimosa
Acrux
Hadar
Rigil Kent
Proxima
Menkent
5128
5139
4945
5460
3918
3766
12h
13h
14h
15h
-30°
-40°
-50°
-60°
19

Nebulosa planetaria

NGC 3918 es una nebulosa planetaria de mag. 8, conocida como la Planetaria Azul, con un pequeño disco azul verdoso similar en apariencia al planeta Urano.

Cúmulo globular

ω (omega) *Centauri* (*NGC 5139*) es el cúmulo globular más grande y más brillante en el cielo, que cubre un área mayor que la de la Luna llena. A simple vista aparece como una estrella velluda de mag. 4, algo elíptica en su perfil. Los pequeños telescopios o aun los binoculares resuelven sus regiones externas en masas granulares de centelleantes estrellas. Es uno de los cúmulos globulares más cercanos a nosotros, a 17.000 a.l. de distancia.

Galaxia

NGC 5128 es una galaxia peculiar también conocida como la fuente de radio *Centaurus A,* visible con binoculares o telescopios pequeños como una mancha borrosa de mag. 7. Es una galaxia gigante elíptica cruzada por una banda oscura de polvo (ver la fotografía enfrente). Este objeto peculiar puede ser el resultado de una galaxia elíptica mezclada con una galaxia espiral, cuya galaxia espiral presenta la línea de polvo. *NGC 5128* es una de las más poderosas fuentes conocidas por los radioastrónomos, quienes han detectado ondas de radioemisión a cada lado de la galaxia, como si hubiera expulsado nubes de gases en una serie de explosiones. Se encuentra a alrededor de 15 millones de a.l. de distancia.

La enorme radiogalaxia NGC 5128, también conocida como Centaurus A, puede ser vista con pequeños telescopios. ESO.

CEPHEUS

Esta constelación de la región polar Norte del cielo representa al mítico rey de Etiopía quien era el esposo de Casiopea y padre de Andrómeda. Contiene la famosa estrella variable δ (delta) *Cephei.*

ESTRELLAS VARIABLES

δ (delta) *Cephei* es el prototipo del más importante grupo de estrellas variables conocidas por los astrónomos, las variables Cefeidas. Gracias a la denominada Ley período-luminosidad, los astrónomos pueden deducir la magnitud absoluta de una Cefeida mediante la observación de su período de variación; las variables Cefeidas son por ello "lámparas patrón", por las cuales los astrónomos miden las distancias en el espacio. La variabilidad de δ *Cephei* fue descubierta en 1784 por el astrónomo aficionado inglés John Goodricke. La estrella es una supergigante blanca amarillenta a 1.000 a.l. de distancia que varía entre mags. 3,5 y 4,4 cada 5 días 9 horas. δ *Cephei* es también una estrella doble (p. 98).

μ (mu) *Cephei* es una supergigante roja, prototipo de una clase de variables semirregulares. Varía entre mags. 3,4 y 5,1 sin período fijo. William Herschel la llamó Estrella Granate, a causa de su pronunciada coloración: es una de las estrellas más rojas visibles a ojo desnudo.

T Cephei es una variable gigante roja del mismo tipo de *Mira,* la cual brilla entre mags. 5 y 6, cada 13 meses aproximadamente.

►

CEPHEUS

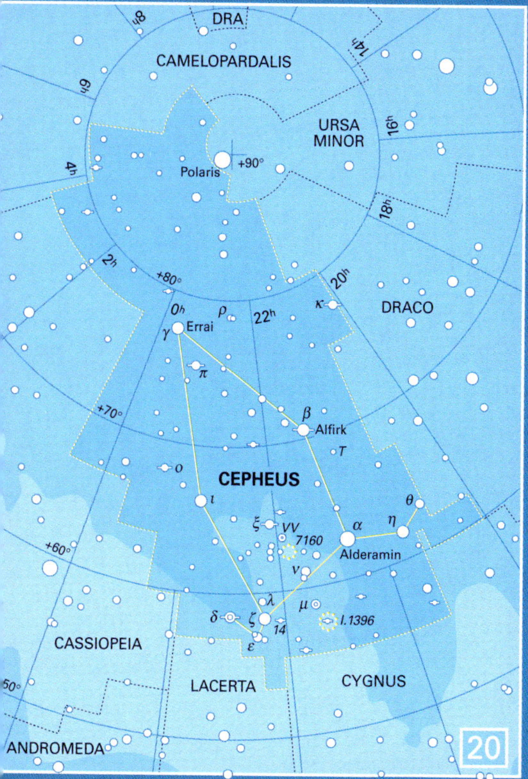

DRA
CAMELOPARDALIS
URSA
MINOR
Polaris
+90°
DRACO
CEPHEUS
Errai
Alfirk
Alderamin
CASSIOPEIA
LACERTA
CYGNUS
ANDROMEDA
7160
I.1396
14
VV
T
+80°
+70°
+60°
50°
0h
2h
4h
6h
8h
14h
16h
18h
20h
22h
20

VV Cephei es una de las estrellas más grandes conocidas, tal vez 1000 veces el diámetro de nuestro Sol. Varía semirregularmente entre mags. 4,8 y 5,4.

ESTRELLAS DOBLES

β (beta) *Cephei* es una gigante azul de mag. 3 con una compañera de mag. 8, visible en telescopios pequeños. β *Cephei* es también una estrella variable, aunque sus fluctuaciones son demasiado pequeñas como para ser notorias a simple vista: menos de 0,1 mags. cada 4,6 horas. Este es el prototipo de una clase de estrellas variables pulsantes (también conocidas como estrellas β *Canis Majoris*), con períodos de unas pocas horas y leves cambios en la luminosidad.

δ (delta) *Cephei,* además de ser una destacada estrella variable (ver p. 96 y la tabla comparativa enfrente), es una interesante estrella doble para telescopios pequeños o aun para binoculares. La brillante compañera de color crema, la cual es la variable, está acompañada por una apartada estrella blanca azulosa de mag. 6.

ξ (xi) *Cephei* es una estrella doble para pequeños telescopios que consta de una estrella blanca azulosa de mag. 4 con una compañera amarillenta de mag. 6.

o (omicron) *Cephei* es una gigante amarilla de mag. 5 con una cercana compañera de mag. 7, visible con aperturas de 60 mm o más y grandes aumentos.

Derecha: Mapa (arriba) y curva de luz (abajo) de la estrella variable Delta Cephei.

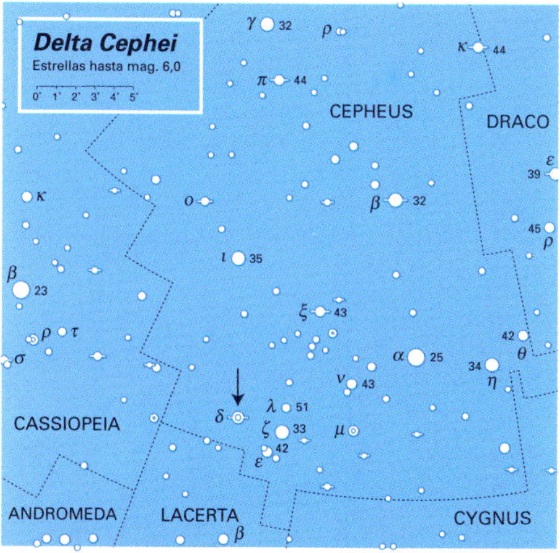
Delta Cephei
Estrellas hasta mag. 6,0
0' 1' 2' 3' 4' 5'
CEPHEUS
DRACO
CASSIOPEIA
ANDROMEDA
LACERTA
CYGNUS
γ 32
π 44
κ 44
β 32
ι 35
ξ 43
α 25
ν 43
λ 51
ζ 33
δ
μ
ε 42
β 23
42 θ
34 η
45 ρ
39 ε

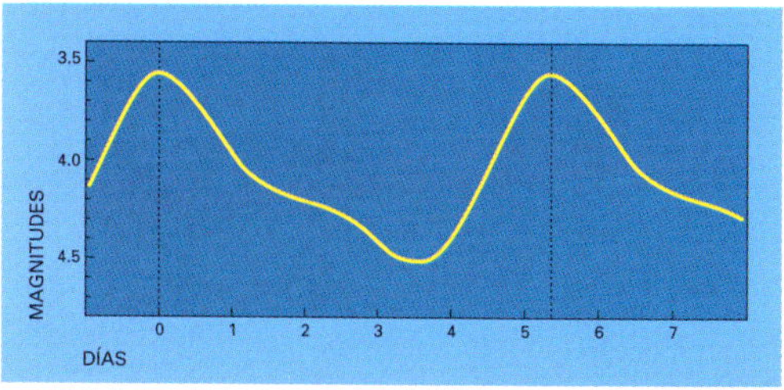
MAGNITUDES
3.5
4.0
4.5
0
1
2
3
4
5
6
7
DÍAS

CETUS La Ballena

Una extensa constelación montada sobre el ecuador celeste representa al monstruo marino que por poco devora a Andrómeda, antes de ser rescatada por Perseo.

Estrella brillante

β Ceti (*Deneb Kaitos* o *Diphda*) es una gigante amarilla de mag. 2,0, la estrella más brillante de la constelación.

Estrella cercana

τ (tau) *Ceti* es una enana amarilla de mag. 3, a 11,9 a.l. de distancia. De todas las estrellas individuales cercanas, ésta es la que más se parece a nuestro Sol.

Estrella variable

o (omicron) *Ceti* (de *Mira,* que significa la asombrosa), una gigante roja, es el prototipo de las variables de período largo. *Mira* fluctúa entre las mags. 3 y 9, en un período promedio de 330 días. Su variabilidad fue notada en 1596 por el astrónomo David Fabricius.

Estrellas dobles

α (alpha) *Ceti* (del árabe *menkar,* que significa nariz) es una gigante roja de mag. 3 que forma una doble binocular con una estrella azul de mag. 6 más distante.

γ (gamma) *Ceti* es un par cerrado de estrellas mags. 4 y 6 que necesita al menos 60 mm de apertura y gran aumento para separarlas.

▶

CETUS

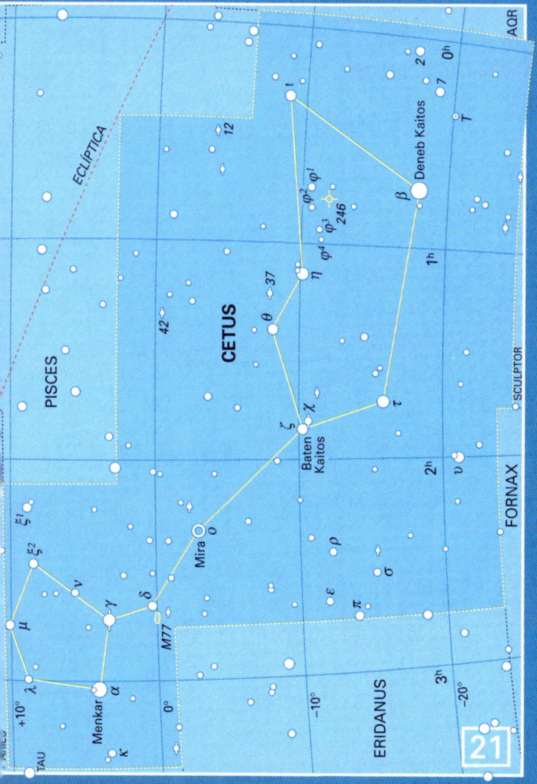
CETUS
PISCES
ERIDANUS
FORNAX
SCULPTOR
AQR
TAU
ECLÍPTICA
Menkar
Mira
Baten Kaitos
Deneb Kaitos
M77
0h
1h
2h
3h
+10°
0°
-10°
-20°
12
42
37
246
2
7
T
21

Galaxia

M77 (NGC 1068) es una galaxia espiral de mag. 9, perfilada de frente. Es indetectable en pequeños telescopios, pero su interés principal radica en que es la más brillante de las denominadas *Seyfert*, galaxias espirales con núcleos brillantes que están estrechamente relacionadas con los quásares (objetos intensamente luminosos muy lejanos en el universo).

CHAMAELEON El Camaleón

Una constelación insignificante en la región polar Sur del cielo representa un camaleón. Sus más brillantes estrellas son de mag. 4.

Estrella doble

δ (delta) *Chamaeleontis* es una pareja binocular de estrellas azul y naranja de mags. 4 y 5. Cada una está a una distancia similar de nosotros, aproximadamente a 360 a.l., pero demasiado separadas como para formar una verdadera binaria.

Nebulosa planetaria

NGC 3195 es una tenue nebulosa planetaria que aparenta, a través del telescopio, un tamaño similar al del planeta Júpiter.

CHAMAELEON

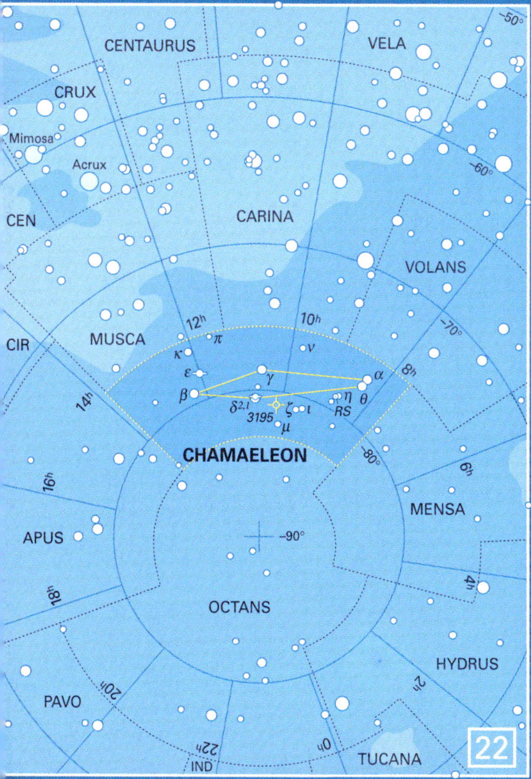

CENTAURUS
VELA
CRUX
Mimosa
Acrux
CEN
CARINA
VOLANS
MUSCA
CIR
CHAMAELEON
MENSA
APUS
OCTANS
HYDRUS
PAVO
TUCANA
IND
-50°
-60°
-70°
-80°
-90°
12h
10h
8h
6h
4h
2h
0h
22h
20h
18h
16h
14h
π
ν
κ
ε
γ
α
β
δ2,1
3195
ζ
ι
μ
η
θ
RS

CIRCINUS El Compás

Esta pequeña y oscura constelación del hemisferio Sur celeste es opacada por la vecina *Centaurus.*

Estrella doble

α (alpha) *Circini* es una estrella blanca de mag. 3 con una separada compañera de mag. 9, visible en pequeños telescopios.

COLUMBA La Paloma

Una constelación en el hemisferio Sur del cielo representa la paloma que siguió el arca de Noé. No contiene objetos de particular interés para los observadores aficionados.

Estrella fugitiva

μ (mu) *Columbae,* una estrella azul de mag. 5, es una de las tres llamadas "estrellas fugitivas" que están inmersas en la región de la Nebulosa de Orión a velocidades de alrededor de 100 km/seg. Las otras dos fugitivas son *53 Arietis* y *AE Aurigae.* μ *Columbae* y *AE Aurigae* son estrellas casi idénticas, pero se mueven en direcciones opuestas. Se piensa que ellas habrían sido miembros de una binaria que se separó después de encontrarse con otra binaria en la Nebulosa de Orión hace unos 2,5 millones de años. La otra binaria envuelta en este encuentro podría ser ι (iota) *Orionis.*

CIRCINUS

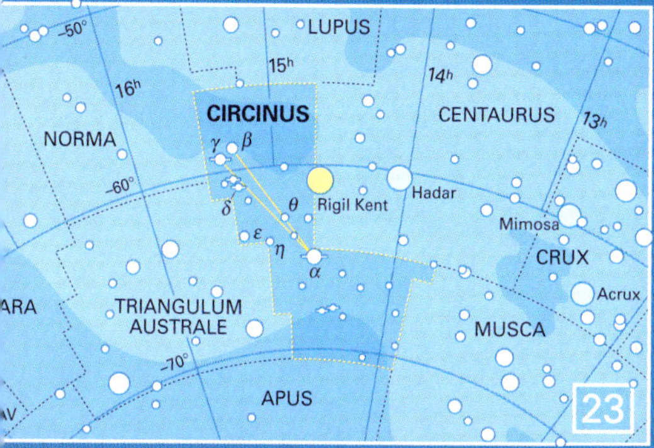

COLUMBA

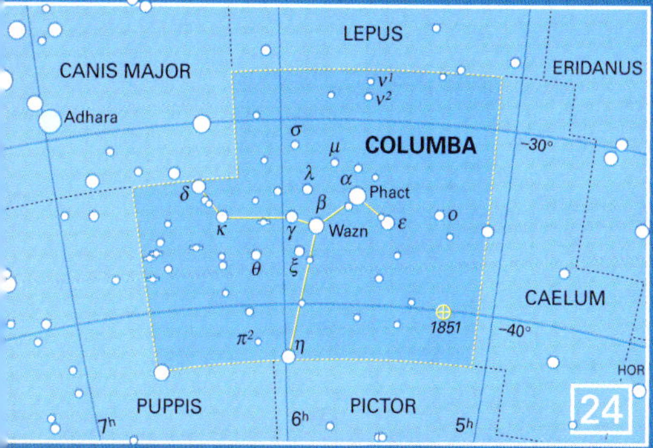

COMA BERENICES La Cabellera de Berenice

Una débil constelación de los cielos del Norte representa los cabellos de la reina egipcia Berenice, ofrecidos a los dioses por el regreso de su esposo de la batalla. *Coma Berenices* contiene numerosas galaxias al alcance de telescopios de aficionados.

ESTRELLA DOBLE

24 Comae Berenices, una gigante naranja de mag. 5, contrasta bellamente con la compañera blanca azulosa de mag. 7, visible en pequeños telescopios.

CÚMULO ABIERTO

El Cúmulo de Estrellas de Coma consta de un grupo esparcido de cerca de 50 estrellas que representan las cortadas trenzas de la reina Berenice. Ellas forman un grupo binocular en forma de V al sur de la estrella de mag 4. γ (gamma) *Comae Berenices.*

CÚMULO GLOBULAR

M53 (NGC 5024) es un cúmulo globular de mag. 8, visible como una mancha nubosa en telescopios pequeños.

GALAXIA

M64 (NGC 4826) es una galaxia espiral de mag. 9, visible en pequeños telescopios. Popularmente se denomina la Galaxia Ojo Negro, a causa de un oscuro parche de polvo cerca de su centro, detectable por telescopios de 150 mm o mayores.

COMA BERENICES

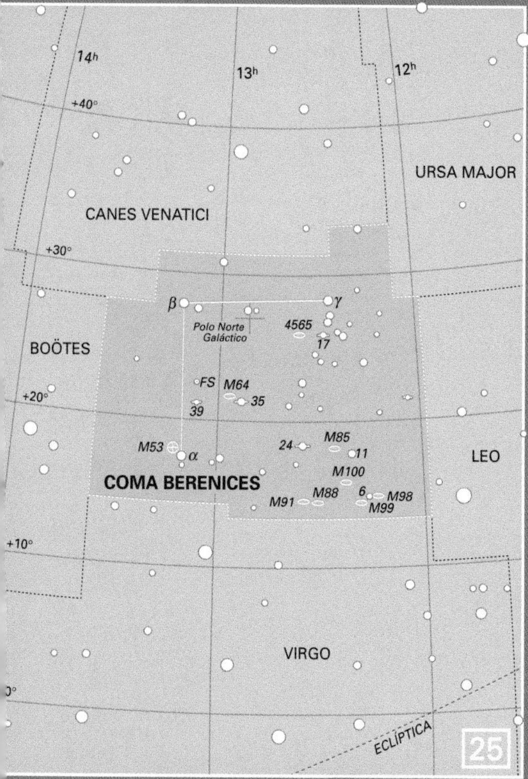

CORONA AUSTRALIS La Corona Austral

Ubicada entre *Sagittarius* y *Scorpius*, al borde de la Vía Láctea, esta pequeña constelación del hemisferio Sur del cielo fue conocida por los antiguos griegos, y es fácilmente identificable por su característico perfil circular, aunque sus más brillantes estrellas son apenas de mag. 4. A pesar de su pequeño tamaño, no carece de interés.

Estrellas dobles

γ (gamma) *Coronae Australis* es un ajustado par de estrellas amarillas de mag. 5 que requiere al menos 100 mm de apertura y grandes aumentos para separarlas.

κ (kappa) *Coronae Australis* es una separada pareja de estrellas blanca azulosas de mag. 6, fácilmente divididas por los pequeños telescopios.

λ (lambda) *Coronae Australis* es una estrella blanca azulosa de mag. 5, con una separada compañera de mag. 10 visible en pequeños telescopios.

Cúmulo globular

NGC 6541 es un cúmulo globular de mag. 7 a 22.000 a.l. de distancia, para binoculares y pequeños telescopios.

CORONA AUSTRALIS

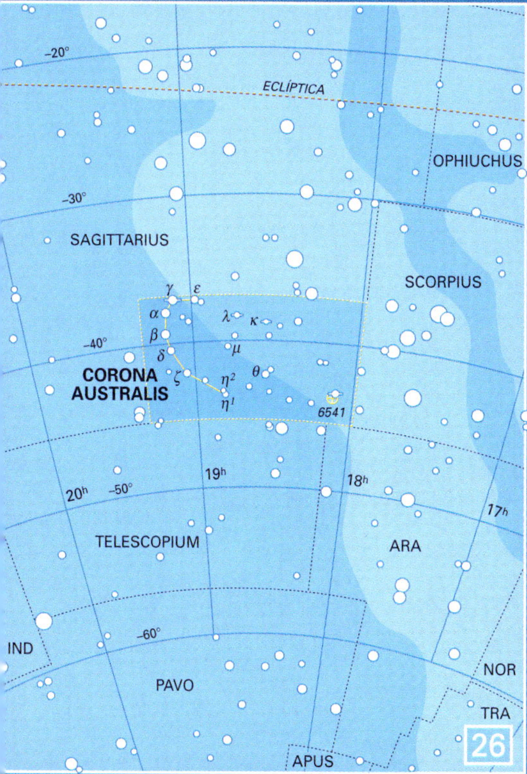

CORONA BOREALIS La Corona Boreal

Esta constelación pequeña del hemisferio Norte celeste posee como rasgo más destacado un grupo de estrellas de perfil de Luna creciente, entre las cuales la más brillante es *Alphekka* (también conocida como *Gemma*) de mag. 2, colocada como la joya de la corona.

Estrellas variables

R Coronae Borealis es una famosa estrella variable por sus catastróficos cambios en resplandor a intervalos de unos pocos años. Normalmente es de mag. 6, pero puede impredeciblemente en pocas semanas caer tan bajo como mag. 15, para luego tomar algunos meses y volver a su brillo normal. Esta variación se piensa que es causada por la abundancia de partículas de carbono en sus capas exteriores, las cuales periódicamente se juntan y luego explotan.

T Coronae Borealis, conocida como la Estrella Llamarada, es una nova recurrente que normalmente brilla alrededor de mag. 11, pero que en 1866 y 1946 resplandeció en mags. 2 y 3, respectivamente. Otras erupciones pueden ocurrir en cualquier momento.

Estrellas dobles

ζ (zeta) *Coronae Borealis* es una pareja de estrellas blanca azulosas de mags. 5 y 6 para telescopios pequeños.

ν^1 ν^2 (nu^1 nu^2) *Coronae Borealis* es un amplio par binocular de gigantes roja y naranja, de mag. 5.

CORONA BOREALIS

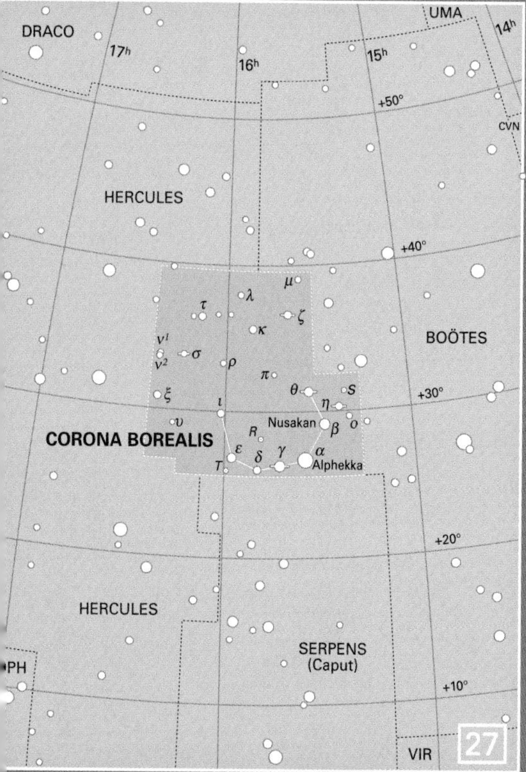

CORVUS El Cuervo

Esta pequeña constelación del hemisferio Sur del cielo, en leyendas griegas, está vinculada con *Crater* e *Hydra*. El cuervo (*Corvus*) es enviado como mensajero para traer agua en una copa (*Crater*), pero en su lugar regresa con La Serpiente Marina (*Hydra*).

ESTRELLAS DOBLES

δ (delta) *Corvi* es una desigual doble para pequeños telescopios, que consta de una estrella blanca azulosa de mag. 3, acompañada por una separada compañera de mag. 9.

Struve 1669 (Σ *1669*) es una pareja semejante de estrellas blancas de mag. 6, separables por pequeños telescopios.

CRATER La Copa

Esta insignificante constelación representa el copón de Apolo y se asocia mitológicamente con las vecinas *Corvus* e *Hydra*. Sus estrellas más brillantes son de mag. 4, y no hay objetos de interés particular para los astrónomos aficionados.

CORVUS / CRATER

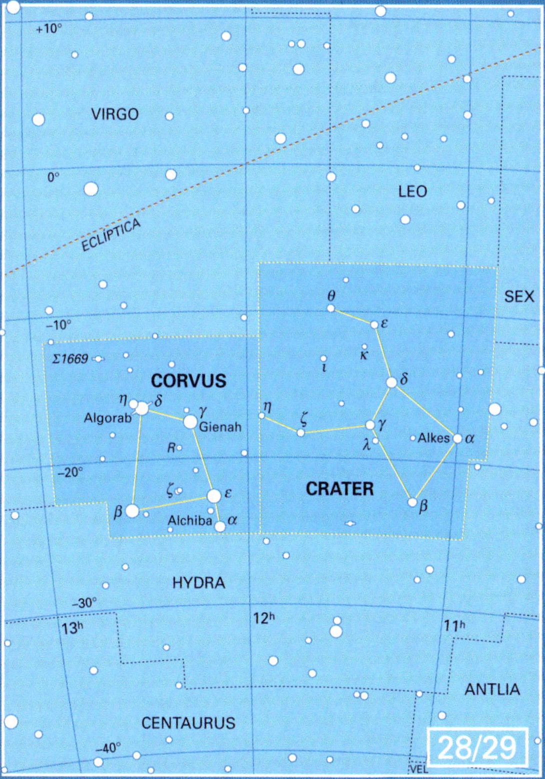

CRUX La Cruz del Sur

La constelación más pequeña en el cielo pero una de las más famosas y destacadas. Se encuentra en una rica región de la Vía Láctea en los límites de *Centaurus.*

Estrellas brillantes

α (alpha) *Crucis (Acrux)* es de mag. 0,8 a simple vista, y es la decimatercera estrella en brillo del cielo. Los telescopios pequeños la separan en dos centelleantes componentes blanco azulosos de mags. 1,3 y 1,7.

β (beta) *Crucis* es una estrella gigante blanca azulosa de mag. 1,2.

Estrellas dobles

μ (mu) *Crucis* es una pareja de estrellas blancas azulosas de mags. 4 y 5 para pequeños telescopios.

Cúmulo abierto

NGC 4755 es un cúmulo conocido como El joyero, a causa de su apariencia reluciente. Su estrella más brillante es κ (kappa) *Crucis,* una supergigante azul de mag. 6; todo el cúmulo se denomina el Cúmulo Kappa Crucis.

Nebulosa

El Saco de Carbón es una oscura nube de polvo que bloquea las estrellas brillantes de la Vía Láctea. El Saco de Carbón completo mide 7° x 5° y se extiende dentro de los vecindarios de *Centaurus* y *Musca.*

CRUX

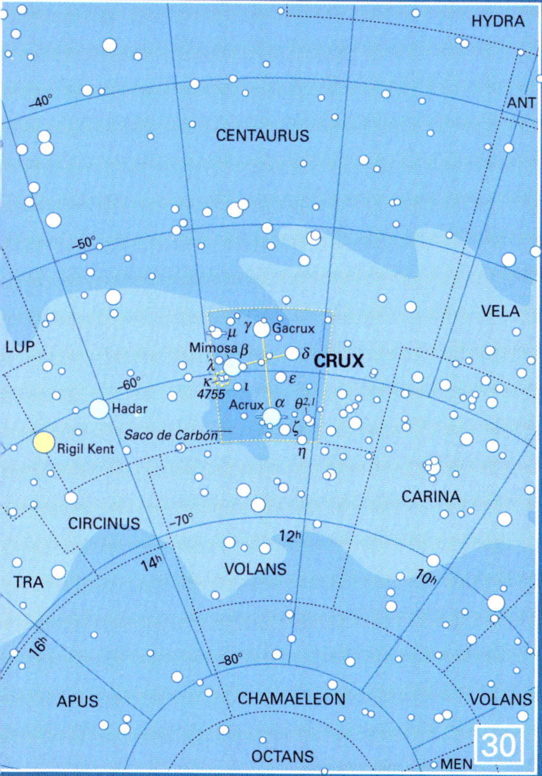

HYDRA
ANT
CENTAURUS
-40°
-50°
VELA
LUP
γ
Gacrux
μ
Mimosa β
δ
CRUX
λ
ε
κ
4755
ι
-60°
Hadar
Acrux
α
θ2,1
ζ
Saco de Carbón
Rigil Kent
η
CARINA
CIRCINUS
-70°
12h
14h
VOLANS
10h
TRA
16h
-80°
APUS
CHAMAELEON
VOLANS
OCTANS
MEN

CYGNUS El Cisne

Esta constelación del hemisferio Norte celeste, conocida como la Cruz del Norte a causa de su perfil cruciforme, representa a un cisne volando a través de la Vía Láctea. En la leyenda, *Cygnus* es Zeus disfrazado. La Vía Láctea es particularmente rica en la región de *Cygnus*.

Estrella brillante

α (alpha) *Cygni* (del árabe *deneb*, que significa la cola) es una estrella supergigante blanca de mag. 1,2 alrededor de 3.000 a. l. de distancia; es la más distante estrella de primera magnitud.

Estrellas variables

χ (chi) *Cygni* es una variable gigante roja de período variable, la cual alcanza su mayor brillo hasta mag. 3, cada 400 días. En su punto más débil, baja a mag. 14.

P Cygni es una azul supergigante de mag. 5, la cual se encendió a mag. 3 en el pasado, aparentemente como resultado de la expulsión de escudos de gas.

Estrellas dobles

β (beta) *Cygni* (*Albireo*), una bella estrella doble de colores, es una de las piezas espectaculares del cielo. Consta de una gigante naranja de mag. 3 acompañada por una estrella azul verdosa de mag. 5, visibles en pequeños telescopios o aun en buenos binoculares. No puede pasarse por alto por ningún observador.

►

CYGNUS

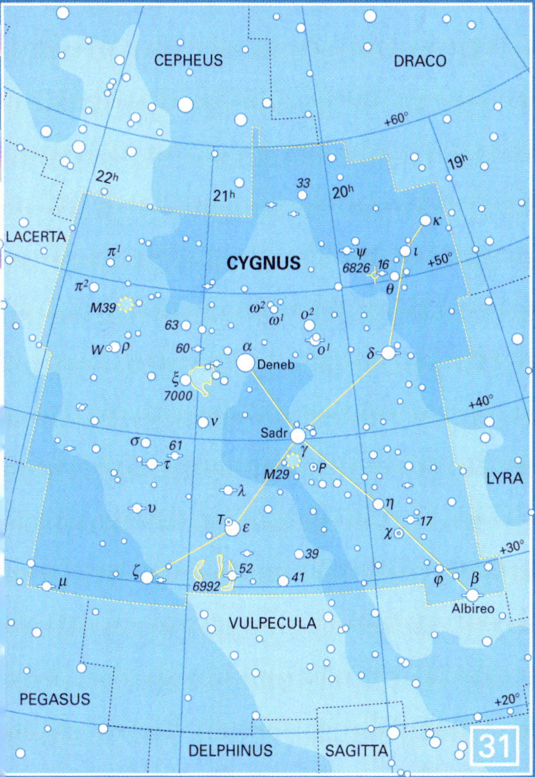
CEPHEUS
DRACO
+60°
19h
22h
21h
20h
33
LACERTA
CYGNUS
κ
ι
+50°
ψ
6826
16
θ
π¹
π²
M39
ω²
ω¹
o²
o¹
63
W
ρ
60
α
Deneb
δ
ξ
7000
+40°
ν
Sadr
γ
σ
61
τ
M29
P
LYRA
λ
η
υ
17
T
ε
χ
+30°
39
ζ
52
μ
6992
41
φ
β
Albireo
VULPECULA
PEGASUS
+20°
DELPHINUS
SAGITTA

o^1 (omicron[1]) *Cygni* es una gigante naranja de mag. 4 que forma un atractivo dúo binocular, con la gigante blanca azulosa *30 Cygni.* Cerca de o^1 *Cygni* está una compañera azul de mag. 7, visible con binoculares o telescopios pequeños. o^1 *Cygni* es una binaria eclipsante con un período muy largo de cerca de 10,5 años, variando menos de dos décimos de una magnitud.

61 Cygni es un famoso par de estrellas naranjas de mags. 5 y 6, fácilmente separables por los telescopios pequeños. Se encuentran a 11,4 a.l. de distancia y están entre las más cercanas vecinas del Sol.

NEBULOSA PLANETARIA

NGC 6826 es conocida como la Planetaria Fulgurante, porque parece titilar cuando se le observa alternadamente de frente y de lado. Telescopios de 75 mm de apertura muestran su disco azul pálido de mag. 8. La nebulosa se localiza a 1° de *16 Cygni,* una estrella doble fácil para pequeños telescopios.

NEBULOSA

NGC 6992 es la parte más brillante del bucle de gas que forma la Nebulosa del Velo; puede verse en telescopios de gran ángulo con bajo aumento o (en las mejores condiciones) con binoculares. La Nebulosa del Velo, el remanente de una supernova que explotó hace unos 5000 años, consta de numerosos flujos tenues en forma de bucle. La mayoría de los bucles son visibles solamente en exposiciones fotográficas.

La Grieta del Cisne, también conocida como el Saco de Carbón del Norte, es una línea oscura de polvo que divide en esta región a la brillante Vía Láctea, como puede observarse a simple vista en las noches despejadas.

NGC 7000 es un extenso parche de brillante nebulosidad conocida como la Nebulosa de Norteamérica, a causa de su perfil parecido a ese continente. Puede vislumbrarse a simple vista como una protuberancia de la Vía Láctea, con una extensión en forma de anzuelo. A pesar de su tamaño es un objeto difícil para los instrumentos aficionados por su bajo resplandor superficial, y se observa mejor con binoculares en noches despejadas y oscuras.

AGUJERO NEGRO

Aunque por definición es invisible, el objeto conocido como *Cygnus X-1* se piensa que es el primer agujero negro identificado. Su existencia se conoce a causa de su fuente de rayos X, que orbitan una supergigante azul de mag. 9, conocida como *HDE 226868.* Se encuentra a un diámetro de la Luna de la estrella η (eta) *Cygni.*

RADIOGALAXIA

Cygnus A, cerca de γ (gamma) *Cygni*, es una de las fuentes de radio más intensas conocidas por los astrónomos. Es una radiogalaxia de mag. 15, al alcance de los grandes telescopios. Fotografías muestran a *Cygnus A* como un par de burbujas en contacto, evidentemente dos galaxias emergiendo tras una colisión.

DELPHINUS El Delfín

Esta pequeña constelación de la región ecuatorial del cielo, con una característica forma de cometa, representa un delfín, uno de los mensajeros del dios del mar Posidón. Aunque no es brillante, sus cuatro principales estrellas forman un estuche conocido como el Ataúd de Job. Los peculiares nombres de dos de estas estrellas, *Sualocin* y *Rotanev,* aparecieron primero en un catálogo de estrellas publicado en el Observatorio de Palermo, Italia, en 1814. Leídas hacia atrás serían Nicolaus Venator, la forma latinizada de Niccolò Cacciatore, el asistente del director del observatorio de esa época. Delphinus yace en la orilla de la Vía Láctea en un área muy notoria.

ESTRELLAS DOBLES

γ (gamma) *Delphini* es una destacada estrella doble que consta de estrellas doradas y blanco amarillas de mags. 4 y 5, separables en pequeños telescopios. *Struve 2725,* una doble más tenue y cerrada de estrellas de mag. 8, se encuentra cerca, en el mismo campo visual.

DELPHINUS

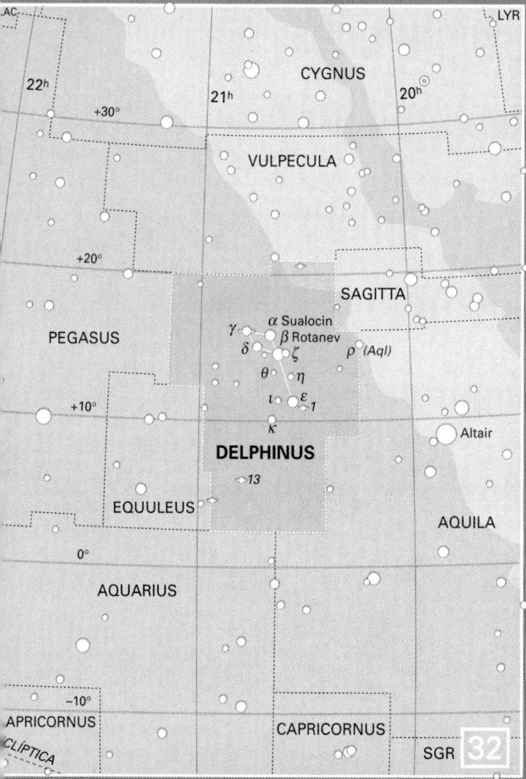
LAC
LYR
22h
21h
20h
CYGNUS
+30°
VULPECULA
+20°
SAGITTA
α Sualocin
β Rotanev
γ
δ
ζ
ρ (Aql)
θ
η
ι
ε
1
PEGASUS
+10°
κ
Altair
DELPHINUS
13
EQUULEUS
AQUILA
0°
AQUARIUS
−10°
APRICORNUS
CAPRICORNUS
CLÍPTICA
SGR
32

DORADO El Pez Dorado

Esta constelación del cielo del Sur, algunas veces conocida como el Pez Espada, tiene como rasgo principal la Gran Nube de Magallanes, la mayor y más cercana de las dos galaxias satélites que acompañan nuestra Vía Láctea.

ESTRELLA VARIABLE

β (beta) *Doradus* es una de la más brillantes Cefeidas, y varía entre mags. de 5,5 y 4,1 cada 9 días y 20 horas.

GALAXIA

La Gran Nube de Magallanes es una galaxia de forma irregular a 170.000 a.l. de distancia; alberga tal vez a 10.000 millones de estrellas. Es visible a ojo desnudo como un parche brumoso de 6° de ancho, parece una porción separada de la Vía Láctea. Binoculares y pequeños telescopios muestran que está ricamente tachonada de brillantes estrellas, cúmulos y nebulosas.

NEBULOSA

NGC 2070 es una brillante nube de gas de hidrógeno en la Gran Nube de Magallanes. Popularmente se conoce como la Nebulosa Tarántula por su forma de araña. En el centro de la Tarántula está un cúmulo de estrellas supergigantes, el cual incluye la estrella más masiva conocida. Si estuviera tan cerca como la Nebulosa de Orión, llenaría la constelación de *Orion* completamente y produciría sombras.

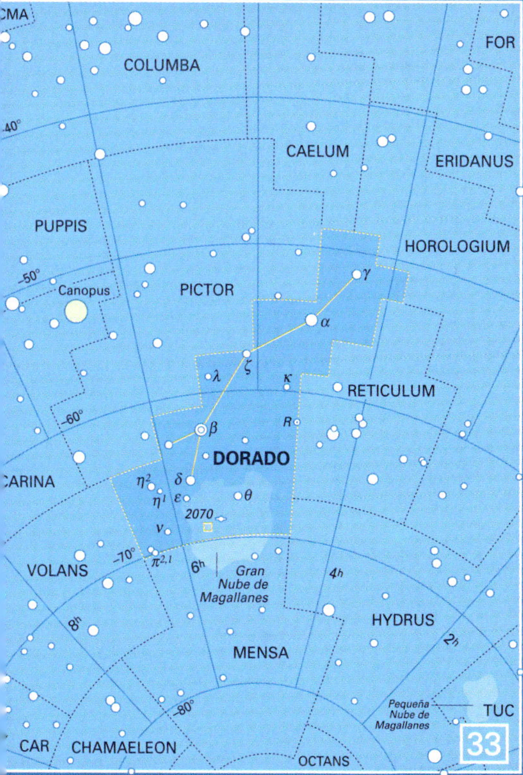
CMA
COLUMBA
FOR
40°
CAELUM
ERIDANUS
PUPPIS
HOROLOGIUM
-50°
Canopus
PICTOR
γ
α
ζ
λ
κ
RETICULUM
-60°
R
β
DORADO
CARINA
η2
δ
η1
ε
θ
2070
ν
-70°
π2,1
6h
Gran
Nube de
Magallanes
4h
VOLANS
8h
HYDRUS
2h
MENSA
-80°
Pequeña
Nube de
Magallanes
TUC
CAR
CHAMAELEON
OCTANS

DRACO El Dragón

Esta extensa constelación de la región polar Norte representa el dragón que cuidaba las manzanas de oro en el jardín de las Hespérides, y limita con uno de los pies de Hércules, su verdugo, pisando firmemente su cabeza. Su estrella más brillante es γ (gamma) *Draconis,* mag. 2,2 llamada *Etamin*, que en árabe significa la serpiente.

Estrellas dobles y múltiples

μ (mu) *Draconis* es un par cerrado de estrellas de mag. 6, separable con grandes aumentos a través de telescopios de 75 mm de apertura.

ν (nu) *Draconis* es una sobresaliente pareja binocular de estrellas blancas de mag. 5.

ο (omicron) *Draconis,* una gigante amarilla de mag. 5, con una compañía de mag. 8, visible en pequeños telescopios.

ψ (psi) *Draconis* es una pareja de estrellas de mags. 5 y 6 blanco amarillas, separables con pequeños telescopios.

16-17 Draconis es un par binocular de estrellas blanco azulosas de mags. 5 y 6. Los telescopios muestran una compañera de mag. 7 cercana a la más brillante de la pareja, formando un llamativo sistema triple.

39 Draconis es otra impresionante tripleta de estrellas. Los binoculares la muestran como un amplio par de estrellas blanco azulosas y amarilla de mags. 5 ▶

DRACO

CAMELOPARDALIS
URSA MINOR
URSA MAJOR
DRACO
CEPHEUS
CYGNUS
CYG
HERCULES
BOO
Giausar
Thuban
Edasich
Altais
Grumium
Alrakis
Rastaban
Etamin
RY
AT
6543
26
39
17,16
41,40
75
10h
12h
14h
16h
18h
20h
+90°
+80°
+70°
+60°
+50°
Polaris

y 7, pero los telescopios revelan una compañera de mag. 8 cercana a la estrella más brillante.

40-41 Draconis es un cómodo par de estrellas amarillas de mag. 6 para pequeños telescopios.

Nebulosa planetaria

NGC 6543 es una de las más destacadas nebulosas planetarias que luce en pequeños telescopios como un disco azul verdoso de perfil irregular de mag. 9, como una estrella fuera de foco.

EQUULEUS El Caballo Menor

La segunda constelación más pequeña se encuentra en la región ecuatorial del cielo, próxima a *Pegasus*, el caballo más grande. Algunas veces se denomina el Potrillo o el Potro. Su estrella más brillante es de mag. 4.

Estrellas dobles y múltiples

γ (gamma) *Equulei* es una estrella blanca de mag. 5, con una compañera no relacionada de mag. 6, *6 Equulei*.

1 Equulei, también conocida como ε (epsilon) *Equulei,* es un par blanco amarillo de mags. 5 y 7, separable en pequeños telescopios. La estrella más brillante es, a su vez, doble, pero los dos componentes, los cuales orbitan cada 101 años, están normalmente demasiado cerca como para separarse en telescopios aficionados.

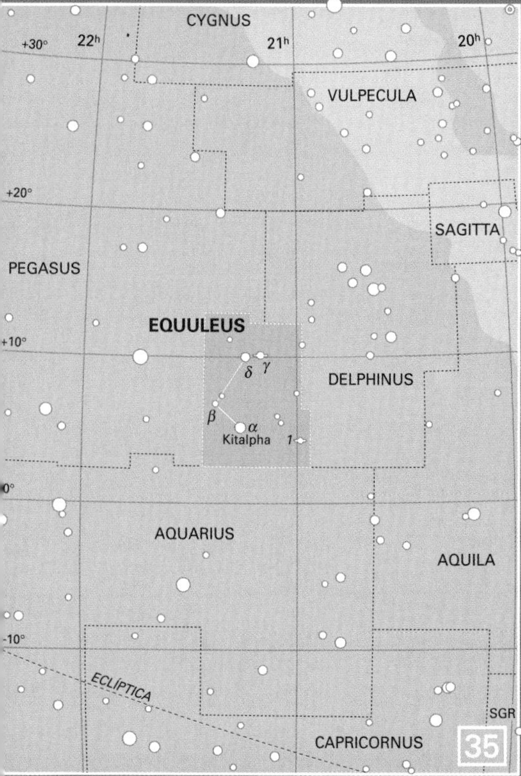
CYGNUS
+30°
22h
21h
20h
VULPECULA
+20°
SAGITTA
PEGASUS
EQUULEUS
+10°
δ
γ
DELPHINUS
β
α
Kitalpha
1
0°
AQUARIUS
AQUILA
-10°
ECLÍPTICA
SGR
CAPRICORNUS

ERIDANUS El Río

Una extensa constelación, la sexta en tamaño del cielo, serpentea desde el ecuador celeste hasta el lejano hemisferio Sur del cielo. En leyendas griegas, *Eridanus* representa el río en el cual cae Faetón luego de su desastroso intento de conducir el carruaje de su padre el Dios Sol, pero también ha sido identificada con ríos reales como el Po, el Nilo y el Éufrates. A pesar de su tamaño, *Eridanus* tiene pocas estrellas brillantes. Contiene numerosas galaxias lejanas que son muy tenues para telescopios aficionados pero que se destacan bien en fotografías de exposición larga.

Estrella brillante

α (alpha) *Eridani* (del árabe *achernar,* que significa el final del río) es una estrella blanca azulosa de mag. 0.5, la novena en brillo en todo el cielo.

Estrella cercana

ε (epsilon) *Eridani,* mag. 3,7 es una enana amarilla similar al Sol, a 10,5 a.l. de distancia. Tiene un planeta de tamaño parecido a Júpiter.

Estrellas dobles y múltiples

θ (theta) *Eridani* es una pareja imponente de estrellas blanca azulosas de mags. 3 y 4, para pequeños telescopios.

o^2 (omicrón^2) *Eridani* (también conocida como *40 Eridani*) es una destacada estrella triple que contiene la ►

ERIDANUS

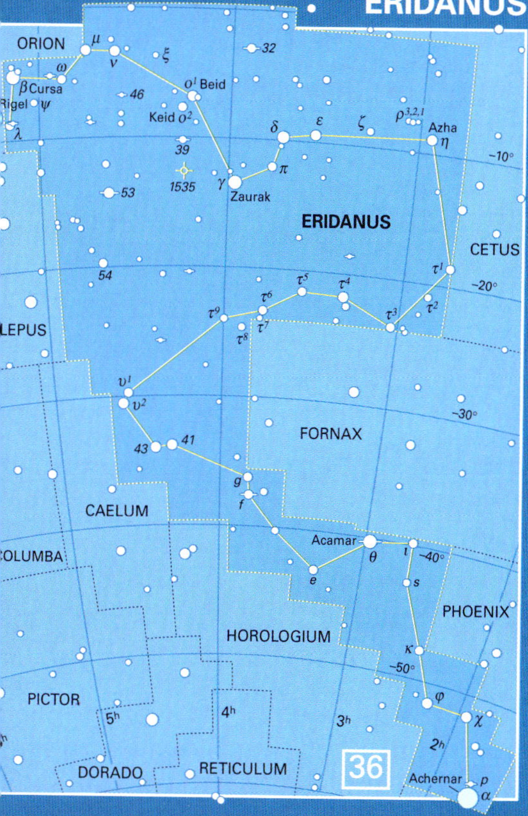
ORION
Rigel
Cursa
46
Keid
Beid
32
39
1535
53
Zaurak
Azha
ERIDANUS
CETUS
54
LEPUS
-10°
-20°
-30°
FORNAX
41
43
CAELUM
COLUMBA
Acamar
-40°
PHOENIX
HOROLOGIUM
-50°
PICTOR
5h
4h
3h
2h
DORADO
RETICULUM
Achernar
36

enana blanca más fácil de observar en todo el cielo. La principal estrella de mag. 4 es una enana amarilla tipo Sol. Los pequeños telescopios muestran una compañera de mag. 10; esta es una enana blanca. Pequeños telescopios también revelan un tercer miembro en el sistema de mag. 11. Esta es una enana roja que completa un raro trío que no puede omitirse.

32 Eridani es una bella doble coloreada para pequeños telescopios, que consta de estrellas de colores amarilla y azul verdosa de mags. 5 y 6.

NEBULOSA PLANETARIA

NGC 1535 es una nebulosa planetaria de mag. 9, visible en pequeños telescopios como un disco azulado.

FORNAX El Horno

Esta constelación del hemisferio Sur celeste, poco brillante, originalmente conocida como *Fornax Chemica* (el horno químico), contiene un número de galaxias tenues, al alcance sólo de los grandes telescopios aficionados y que son el interés principal.

ESTRELLA DOBLE

α (alpha) *Fornacis* es una estrella amarilla de mag. 4 con una compañera cercana de mag. 7, posiblemente variable, visible en pequeños telescopios.

FORNAX

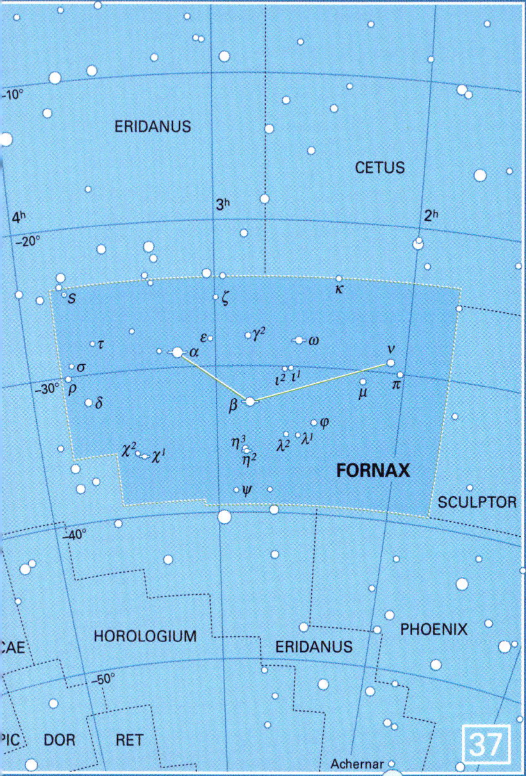

ERIDANUS
CETUS
-10°
4h
3h
2h
-20°
κ
S
ζ
τ
ε
γ2
ω
α
ν
σ
ι2 ι1
-30° ρ
μ
π
δ
β
φ
η3
λ2 λ1
χ2 χ1
η2
FORNAX
ψ
SCULPTOR
-40°
HOROLOGIUM
PHOENIX
CAE
ERIDANUS
-50°
PIC
DOR
RET
Achernar

GEMINI Los Gemelos

Gemini es una figura zodiacal, con el Sol transitándola desde finales de junio hasta finales de julio.

Estrellas brillantes

α (alpha) *Geminorum* (*Castor*) luce de mag. 1,6 a simple vista. Son dos centelleantes estrellas blancas de mags. 1,9 y 2,9. También es visible una apartada enana roja de mag. 9. Las tres estrellas son binarias espectroscópicas, así que *Castor* en realidad consta de seis estrellas, todas a 52 a.l. de distancia.

β (beta) *Geminorum* (*Pollux*) es una gigante naranja de mag. 1,2 a 34 a.l. de distancia.

Estrellas variables

ζ (zeta) *Geminorum* es una variable Cefeida de mag. 4 que fluctúa a mag. 0,5 cada 10,2 días.

η (eta) *Geminorum* es una gigante roja semirregular variable que se mueve de mag. 3 a 4 cada 230 días.

Estrella doble

38 Geminorum es una interesante pareja de estrellas blanca y amarilla de mags. 5 y 8 para telescopios pequeños.

Cúmulo abierto

M35 (NGC 2168) es un sobresaliente cúmulo de más de 100 estrellas, apenas visibles con binoculares; sus estrellas están dispuestas en cadenas curvadas.

►

GEMINI

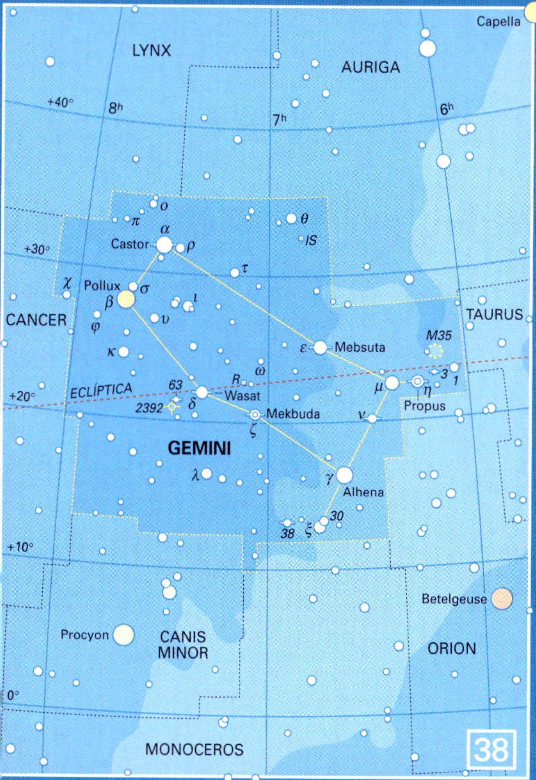
Capella
LYNX
AURIGA
+40°
8h
7h
6h
α
Castor
ρ
o
π
θ
IS
+30°
τ
χ
Pollux
σ
β
ι
υ
φ
CANCER
TAURUS
M35
ε
Mebsuta
κ
ω
R
μ
3
1
η
Propus
+20°
ECLÍPTICA
63
δ
Wasat
2392
Mekbuda
ζ
ν
GEMINI
λ
γ
Alhena
30
38
ξ
+10°
Betelgeuse
Procyon
CANIS
MINOR
ORION
0°
MONOCEROS

NEBULOSA PLANETARIA

NGC 2392 se observa en telescopios pequeños como un óvalo azul verdoso de mag. 8, aproximadamente del tamaño del disco de Saturno. Popularmente se conoce como la Nebulosa Esquimal o Cara de Payaso por su apariencia.

METEORITOS

Los meteoritos Gemínidas, una de las más destacadas lluvias de estrellas anuales, radian desde las vecindades de *Castor,* alrededor del 13-14 de diciembre cada año. En el máximo pueden observarse hasta 100 meteoritos por hora, muchos de ellos brillantes y explosivos.

GRUS La Grulla

Una constelación del hemisferio Sur del cielo representa un ave acuática: la grulla.

ESTRELLA BRILLANTE

α (alpha) *Gruis* (*alnair,* que significa la brillante) es una estrella blanca azulosa de mag. 1,7.

ESTRELLAS DOBLES

δ (delta) *Gruis* es una doble visual de estrellas no relacionadas de mag. 4.

μ (mu) *Gruis* es una doble visual de estrellas no relacionadas de mag. 5.

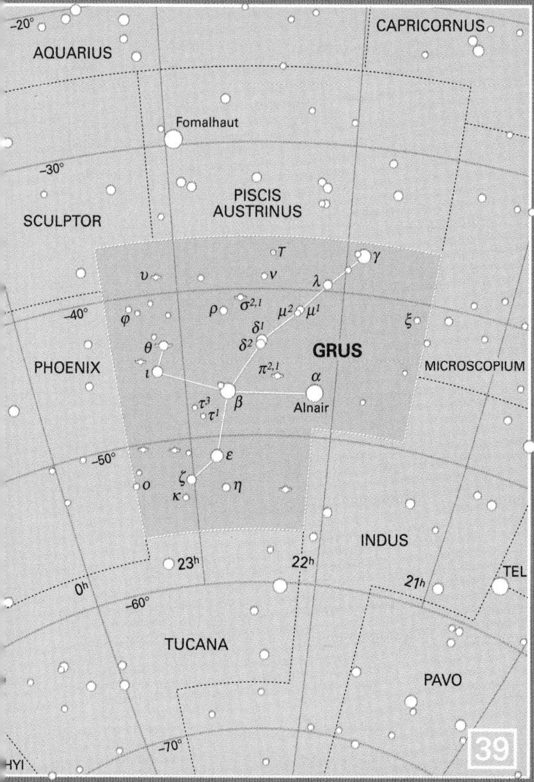
-20°
AQUARIUS
CAPRICORNUS
Fomalhaut
-30°
PISCIS
AUSTRINUS
SCULPTOR
T
γ
υ
ν
λ
-40°
φ
ρ
σ2,1
μ2
μ1
ξ
δ1
δ2
θ
GRUS
PHOENIX
ι
π2,1
α
MICROSCOPIUM
τ3
τ1
β
Alnair
-50°
ε
ζ
ο
η
κ
INDUS
23h
22h
0h
21h
TEL
-60°
TUCANA
PAVO
-70°
HYI

HERCULES

Esta constelación del hemisferio Norte es la quinta en tamaño del cielo. En las leyendas griegas, Heracles era el hijo de Zeus encargado de doce trabajos, en castigo por haber asesinado a su esposa y a su hijo. Un grupo de cuatro estrellas forma una figura conocida como la *Clave,* la cual marca la pelvis de Hércules; a un lado de la *Clave* se encuentra el cúmulo globular *M13,* el más admirable de los objetos de su clase en los cielos del Norte.

ESTRELLAS VARIABLES

α (alpha) *Herculis* (del árabe *rasalgethi,* que significa la cabeza del arrodillado) es una gigante roja que varía erráticamente entre mags. 3 y 4. Los telescopios pequeños muestran que también es una estrella doble, con una compañera blanca verdosa de mag. 5.

68 Herculis es una eclíptica binaria con mags. que varían entre 4,7 y 5,4 cada 2 días.

ESTRELLAS DOBLES

κ (kappa) *Herculis* es una gigante amarilla de mag. 5, con una no relacionada compañera de mag. 6, fácilmente visible en pequeños telescopios.

ρ (rho) *Herculis* es un par de estrellas blanca azulosas de mag. 5, separables en pequeños telescopios.

95 Herculis es una atractiva pareja de estrellas de mag. 5 para pequeños telescopios; luce dorada y plateada. ►

HERCULES

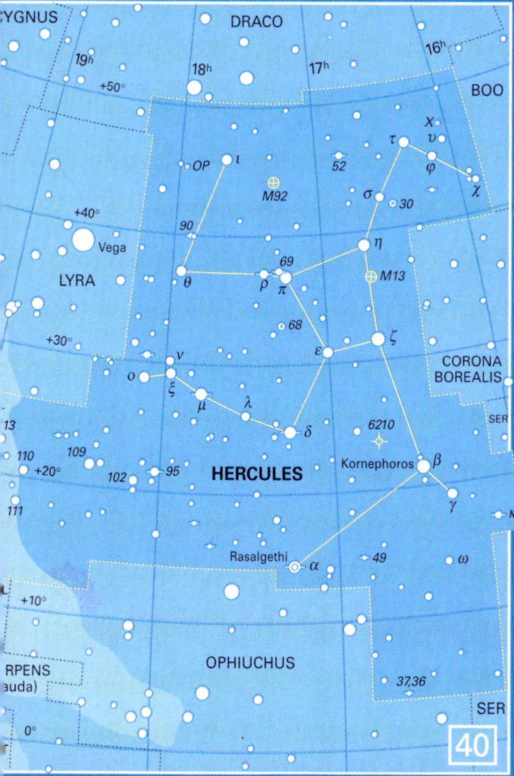

CYGNUS
DRACO
19h
18h
17h
16h
+50°
BOO
χ
υ
τ
φ
χ
OP
ι
52
M92
σ
30
+40°
90
η
Vega
69
M13
LYRA
θ
ρ
π
68
ζ
+30°
ν
ε
CORONA BOREALIS
ο
ξ
μ
λ
SER
13
δ
6210
110
109
+20°
102
95
HERCULES
Kornephoros
β
111
γ
κ
Rasalgethi
α
49
ω
+10°
OPHIUCHUS
RPENS
auda)
37,36
SER
0°

CÚMULOS GLOBULARES

M13 (NGC 6205) contiene 300.000 estrellas y es el cúmulo globular más brillante de los cielos del Norte, un espectáculo para todas las aperturas. Se observa a simple vista en noches claras como un parche nebuloso de mag. 6, y es notable con binoculares. Los pequeños telescopios comienzan a resolver el cúmulo en estrellas, dándole la apariencia de un montículo abigarrado de centelleante polvo de estrellas. *M13* está a 25.000 a.l.

M92 (NGC 6341) es un cúmulo más pequeño, más distante y algo más tenue que *M13,* pero fácilmente visible con binoculares. Es más condensado en el centro que *M13* y a primera vista puede parecer una estrella.

HOROLOGIUM El Reloj de Péndulo

Esta tenue y poco interesante constelación de los cielos del Sur contiene escasamente algún objeto notorio. Su estrella más brillante es de mag. 4.

ESTRELLAS VARIABLES

R Horologii es una gigante roja de período largo variable que fluctúa en un amplio rango, de mags. 5 a 14, aproximadamente cada 400 días.

TW Horologii es una semirregular variable de color rojo profundo que fluctúa entre mags. 5,5 y 6,0 cada 160 días aproximadamente.

HOROLOGIUM

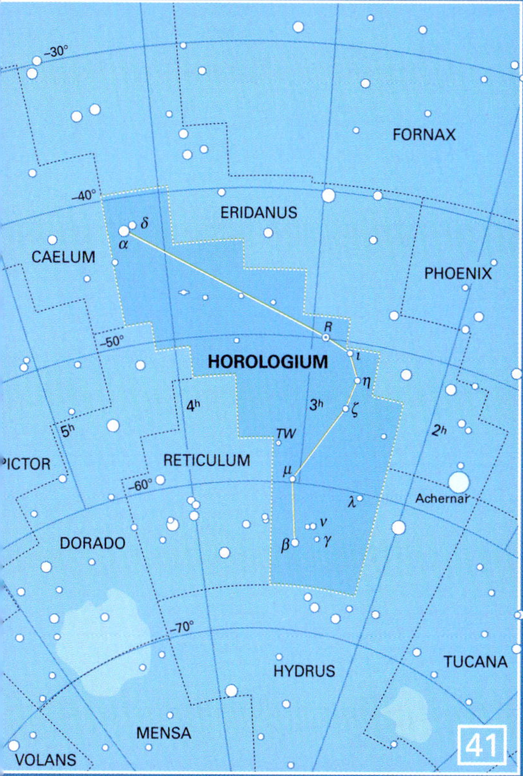
–30°
FORNAX
–40°
ERIDANUS
δ
α
CAELUM
PHOENIX
R
–50°
ι
HOROLOGIUM
η
4h
3h
ζ
5h
TW
2h
PICTOR
RETICULUM
μ
–60°
Achernar
λ
ν
DORADO
β
γ
–70°
HYDRUS
TUCANA
MENSA
VOLANS

HYDRA La Serpiente Marina

Esta constelación, la más extensa del cielo, aunque lejos de ser sobresaliente, tiene como rasgo más fácilmente reconocible el grupo de estrellas que forman su cabeza, justo al norte del ecuador celeste. Desde allí su cola serpentea hacia *Centaurus* y *Lupus* en el Sur; la longitud total de la constelación está sobre los 100°. En la mitología griega, Hydra fue el monstruo de muchas cabezas muerto por Heracles en uno de sus doce trabajos. En otra leyenda está ligada con la historia de *Corvus,* el cuervo, el cual fue enviado a traer agua en una copa, representada por la constelación *Crater.* Las constelaciones de *Corvus* y *Crater* se encuentran a espaldas de la *Hydra*.

ESTRELLA BRILLANTE

α (alpha) *Hydrae* (del árabe *alphard,* que significa la solitaria) es una gigante naranja de mag. 2,0. Es la única estrella en toda la constelación más brillante que mag. 3,0.

ESTRELLA VARIABLE

R Hydrae es una gigante roja de período variable largo similar a *Mira* en *Cetus.* Fluctúa entre mags. 4 y 11, cada 390 días.

U Hydrae es una estrella variable de color rojo profundo que fluctúa entre mags. 4 y 6, con un período de 115 días.

Estrellas dobles

ε (epsilon) *Hydrae* es una estrella doble, con componentes amarillo y azul de mags. 3 y 7 que requieren al menos 75 mm de apertura y alto aumento para separarlos.

27 Hydrae es una estrella blanca amarilla de mag. 5, con una muy separada compañera binocular de mag. 7. Los pequeños telescopios revelan que esta estrella a su vez tiene una compañera de mag. 10.

54 Hydrae es una estrella blanca amarilla de mag. 5, con una compañera púrpura de mag. 7 para pequeños telescopios.

Cúmulo abierto

M48 (NGC 2548) es un extenso cúmulo visible en binoculares de cerca de 80 estrellas de hasta mag. 8, dispuestas en forma triangular. Pequeños telescopios resuelven las más brillantes de sus estrellas individuales.

Nebulosa planetaria

NGC 3242 es una nebulosa planetaria de mag. 9 para pequeños telescopios. Aparece como un vago disco azul verdoso conocido como el Fantasma de Júpiter, a causa de su parecido con ese planeta.

Cúmulo globular

M68 (NGC 4590) es un cúmulo globular de mag. 8. Sus estrellas son resolubles con aperturas de 100 mm o más.

►

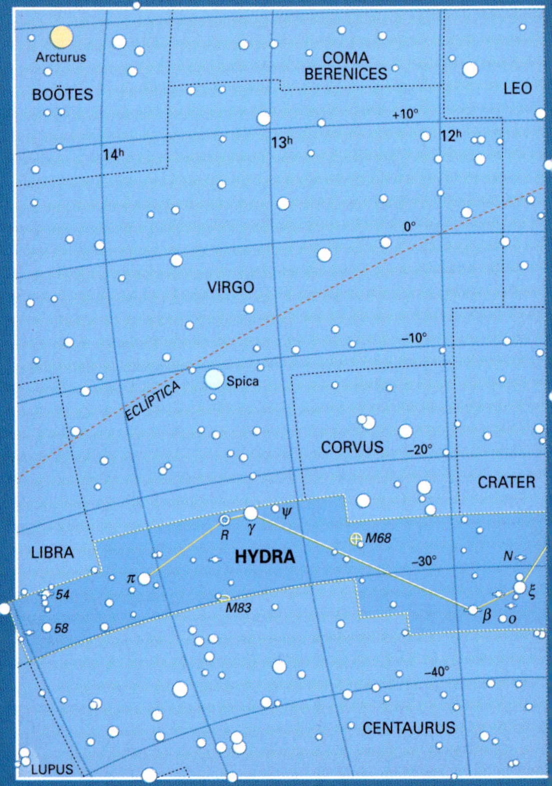

Arcturus
BOÖTES
COMA BERENICES
LEO
+10°
14h
13h
12h
0°
VIRGO
-10°
Spica
ECLÍPTICA
CORVUS
-20°
CRATER
R
γ
ψ
M68
HYDRA
LIBRA
π
54
M83
-30°
N
ξ
β
o
58
-40°
CENTAURUS
LUPUS

HYDRA

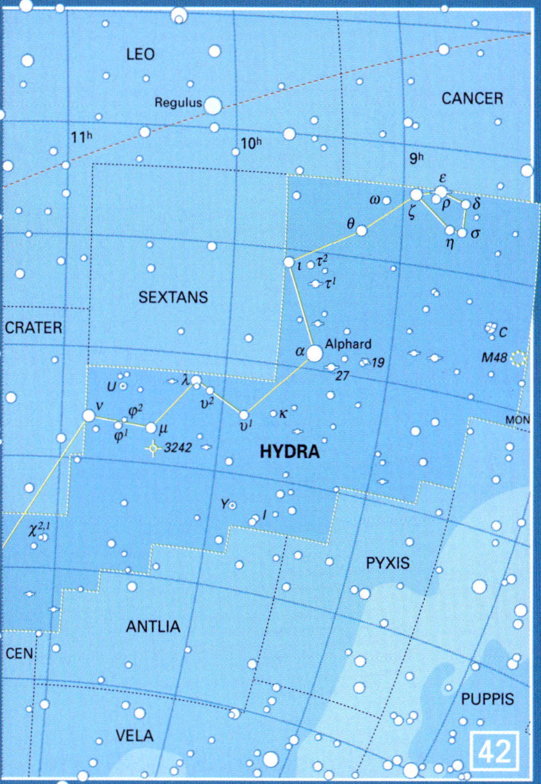

LEO
Regulus
CANCER
11h
10h
9h
ε
ω
ζ
ρ
δ
θ
η
σ
ι
τ2
τ1
SEXTANS
CRATER
Alphard
α
C
M48
19
27
U
λ
υ2
ν
φ2
μ
φ1
υ1
κ
MON
3242
HYDRA
Y
I
χ2,1
PYXIS
ANTLIA
CEN
PUPPIS
VELA

Galaxia

M83 (NGC 5236) es una grandiosa galaxia espiral de mag. 8 vista de frente, una de las galaxias más brillantes de todo el cielo. Con pequeños telescopios aparece como un parche brumoso con un núcleo brillante; son necesarias aperturas de 150 mm para delinear sus brazos espirales.

Galaxia espiral M83. Bill Schoening/AURA/NOAO/NSF

HYDRUS La Serpiente Marina Menor

Esta es una insignificante constelación de la región polar Sur del cielo. Sus estrellas más brillantes son de mag. 3.

Estrella doble

π (pi) *Hydri* es una separada pareja binocular o visual de estrellas no relacionadas gigantes roja y naranja de mag. 6.

HYDRUS

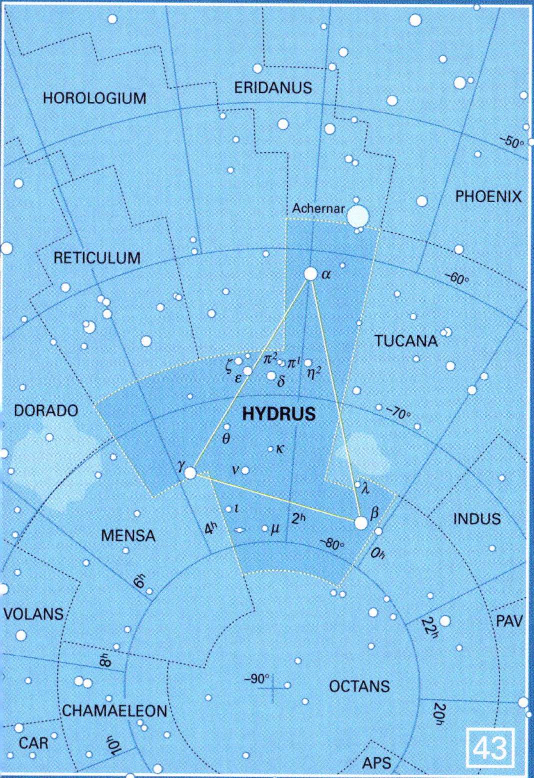
HOROLOGIUM
ERIDANUS
-50°
PHOENIX
Achernar
RETICULUM
α
-60°
TUCANA
π²
π¹
ζ
ε
δ
η²
DORADO
HYDRUS
-70°
θ
κ
γ
ν
λ
ι
2h
β
INDUS
MENSA
4h
μ
-80°
0h
6h
VOLANS
PAV
22h
8h
-90°
OCTANS
CHAMAELEON
20h
CAR
10h
APS

INDUS El Indio

Esta débil constelación del hemisferio Sur celeste representa a un nativo indígena norteamericano. Su estrella más brillante es de mag. 3.

ESTRELLA CERCANA

ε (epsilon) *Indi* es una estrella enana naranja algo más fría que el Sol, a 11,8 a.l. de distancia, aparentando una mag. de 4,7.

ESTRELLA DOBLE

θ (theta) *Indi* es una pareja de estrellas de mags. 4 y 7 que puede separarse con los pequeños telescopios.

LACERTA El Lagarto

Esta constelación bastante invisible del hemisferio Norte del cielo, está empastelada entre *Andromeda* y *Cygnus.* Sus estrellas más brillantes son de mag. 4. *Lacerta* se encuentra en la Vía Láctea y ha sido el lugar de tres novas visuales desde 1910, pero no contiene objetos notables para los usuarios de pequeños telescopios.

INDUS

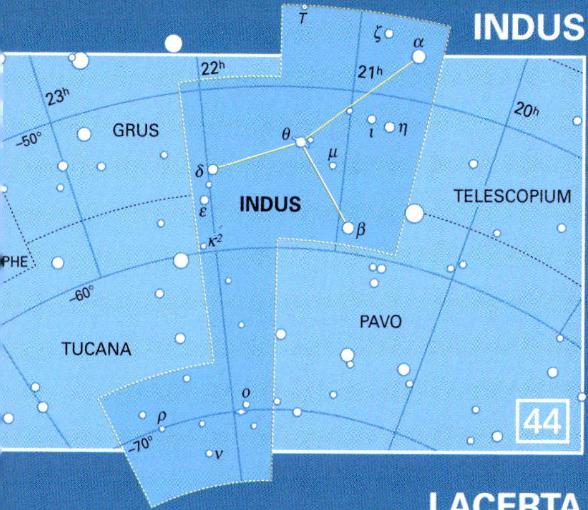

LACERTA

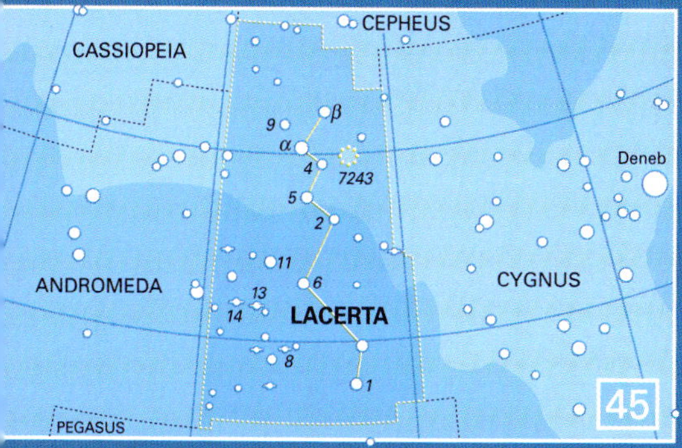

LEO El León

A través de esta constelación zodiacal, el Sol pasa de mediados de agosto a mediados de septiembre. Es el león muerto por Hércules como parte de sus doce trabajos.

Estrella brillante

α (alpha) *Leonis* (de *regulus,* que significa el pequeño rey) es una estrella blanca azulosa de mag. 1,4. Binoculares y telescopios pequeños muestran una separada compañía de mag. 8.

Estrella variable

R Leonis es una gigante roja de período variable entre mags. 4 y 11, con un promedio de 310 días.

Estrellas dobles y múltiples

γ (gamma) *Leonis* (de *algieba,* que significa la frente) es un espectacular par de gigantes amarillas de mags. 2 y 4, separables en pequeños telescopios. En los binoculares, una estrella de mag. 5 no relacionada, *40 Leonis,* se observa cerca.

ζ (zeta) *Leonis* es una estrella triple óptica de mag 3. En los binoculares, ζ *Leonis* aparenta tener dos compañeras de mag. 6 a diferentes distancias, pero ambas no son relacionadas.

τ (tau) *Leonis* es una gigante amarilla de mag. 5, con una compañera de mag. 8 para binoculares y pequeños telescopios. ▶

LEO

URSA MAJOR
LEO MINOR
LYN
12h
+30°
11h
10h
μ Rasalas
κ
Alterf
λ
ε
54
Adhafera
ζ
2903
Zosma
δ
+20°
93
60
Algieba
γ
90
η
θ Chertan
LEO
β
Denebola
ψ
ECLÍPTICA
M66
M65
M105
ν
M96
M95
Regulus
α
R
ξ
+10°
ι
ρ
31
o
ω
π
χ
σ
VIRGO
τ
65
55
HYA
0°
υ
φ
SEXTANS
CRATER
-10°
46
HYDRA

Galaxias

Leo contiene un interesante número de galaxias, ninguna particularmente cómoda para pequeños telescopios. *M65 (NGC 3623)* y *M66 (NGC 3627)* son una pareja de galaxias espirales de mag. 9; *M66* se presenta inclinada y aparece con un perfil de cigarro. *M95 (NGC 3351)* y *M96 (NGC 3368)* son otras dos galaxias espirales de mags. 10 y 9, respectivamente. Todos estos objetos requieren bajos aumentos y una noche oscura para registrarse como tenues manchas.

Meteoritos

La lluvia anual de meteoritos de las Leónidas sucede alrededor del 17 de noviembre, radiando desde un punto cerca de γ (gamma) *Leonis.* Por lo regular el número es bajo, con un pico de alrededor de 10 por hora, pero ocasionalmente se han observado tremendas tormentas de hasta 100.000 meteoritos por hora. Estas tormentas ocurren cuando la Tierra pasa cerca del cometa paterno, el Tempel-Tuttle, el cual tiene un período orbital de 33 años. La última gran tormenta fue en 1966; una alta actividad se observó los años 1998 a 2002, pero no alcanzó los niveles extremos de 1966.

LEO MINOR El León Menor

Esta débil y oscura constelación de los cielos del Norte se encuentra emparedada entre *Ursa Major* y *Leo.* No contiene objetos para los usuarios de pequeños telescopios.

LEO MINOR

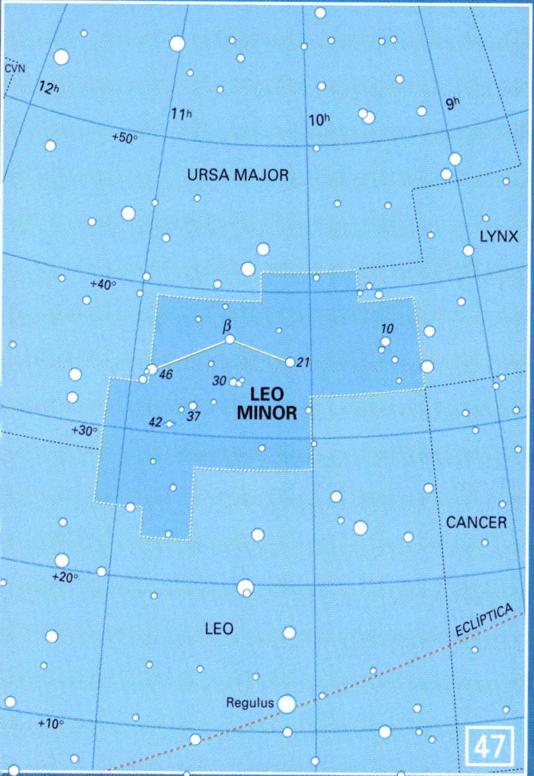
CVN
12h
11h
10h
9h
+50°
URSA MAJOR
LYNX
+40°
β
10
21
46
30
LEO
MINOR
37
42
+30°
CANCER
+20°
LEO
ECLÍPTICA
Regulus
+10°

LEPUS La Liebre

Esta constelación del hemisferio Sur del cielo, aunque opacada por sus vecinos *Orion* y *Canis Major,* no carece de interés para los observadores aficionados.

ESTRELLA VARIABLE

R Leporis es una variable rojo profundo de período largo, popularmente conocida como la Estrella de Hind Crimson. Varía entre mags. 6 y 12, cada 430 días.

ESTRELLA DOBLE

γ (gamma) *Leporis* es una atractiva pareja de estrellas amarilla naranja de mags. 4 y 6.

CÚMULO ABIERTO

NGC 2017 es un cúmulo de estrellas que en realidad es una estrella múltiple. Binoculares y pequeños telescopios muestran un grupo de cinco estrellas de mags. 6 a 10. Dos de esas estrellas son, a su vez, dobles cerradas, como se observa en grandes aperturas, formando entonces un grupo de al menos siete estrellas.

CÚMULO GLOBULAR

M79 (NGC 1904) es un cúmulo globular compacto de mag. 8 para pequeños telescopios. Se encuentra cerca de una estrella triple de mag. 5, *Herschel 3752,* también visible en pequeños telescopios.

LEPUS

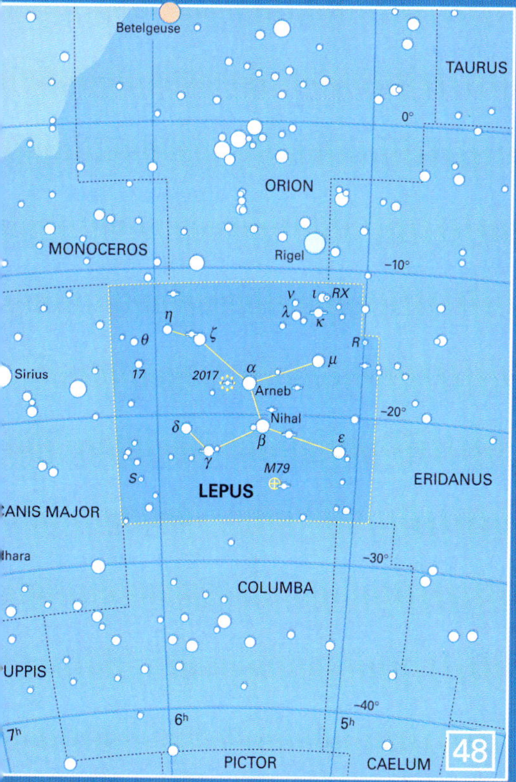
Betelgeuse
TAURUS
0°
ORION
MONOCEROS
Rigel
−10°
ν
ι
RX
λ
κ
η
ζ
θ
R
μ
α
17
2017
Sirius
Arneb
−20°
Nihal
δ
β
ε
γ
M79
S
ERIDANUS
LEPUS
CANIS MAJOR
hara
−30°
COLUMBA
UPPIS
−40°
6h
5h
7h
PICTOR
CAELUM

LIBRA La Balanza

A través de esta tenue constelación del Zodiaco, el Sol pasa durante noviembre. Ahora se visualiza como la balanza de la diosa de la justicia, pero alguna vez representó las tenazas del vecino escorpión.

Estrella Variable

δ (delta) *Librae* es una binaria eclipsante del mismo tipo de *Algol.* Varía entre mags. 4,9 y 5,9 cada 2 días y 8 horas.

Estrellas dobles y múltiples

α (alpha) *Librae* (del árabe *zubenelgenubi,* que significa la tenaza del sur) es una estrella blanca azulosa de mag. 3 con una separada compañía de mag. 5, fácilmente visible en binoculares.

ι (iota) *Librae* es una compleja estrella múltiple. A simple vista aparece de mag. 4. Los binoculares muestran una separada compañera de mag. 6, 25 *Librae.* En pequeños telescopios es visible otra compañera más tenue; esta compañera en realidad es un par cerrado de estrellas de mag. 10.

μ (mu) *Librae* es una estrella de mag. 6, con una compañera cercana de mag. 7 para telescopios de 75 mm de apertura.

Cúmulo globular

NGC 5897 es un cúmulo globular con estrellas esparcidas y vagas, poco espectaculares en instrumentos pequeños.

LIBRA

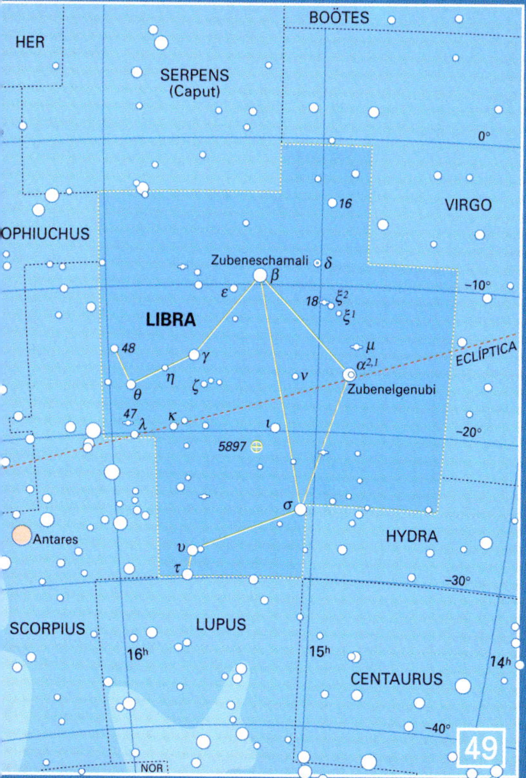

BOÖTES
HER
SERPENS
(Caput)
0°
VIRGO
OPHIUCHUS
16
Zubeneschamali
δ
β
ε
ξ2
ξ1
18
-10°
LIBRA
48
γ
μ
α2,1
ECLÍPTICA
η
θ
ζ
ν
Zubenelgenubi
47
λ
κ
ι
-20°
5897
σ
Antares
HYDRA
υ
τ
-30°
SCORPIUS
LUPUS
16h
15h
14h
CENTAURUS
-40°
NOR

LUPUS El Lobo

Esta constelación de los cielos del Sur se describe como un lobo atrapado en la extremidad del vecino *Centaurus.*

Estrellas dobles y múltiples

ε (epsilon) *Lupi* es una estrella blanca azulosa de mag. 3, con una compañera de mag. 9 para pequeños telescopios.

η (eta) *Lupi* es una estrella blanca azulosa de mag. 3, con una compañera de mag. 8, difícil de ver en los telescopios más pequeños a causa de su diferencia en resplandor.

κ (kappa) *Lupi* es una sencilla pareja de estrellas de mags. 4 y 6, para pequeños telescopios.

μ (mu) *Lupi* es una estrella de mag. 4 con una compañera de mag. 7, visible en pequeños telescopios. Con aperturas de al menos 100 mm, la primaria en realidad se observa como una cerrada pareja de estrellas de mag. 5.

ξ (xi) *Lupi* es una nítida pareja de estrellas de mags. 5 y 6 para pequeños telescopios.

π (pi) *Lupi* consta de una pareja cerrada de estrellas de mag. 5, separables con aperturas de 75 mm y más.

Cúmulo abierto

NGC 5822 es un cúmulo de 150 tenues estrellas de mag. 7, para binoculares y pequeños telescopios.

LUPUS

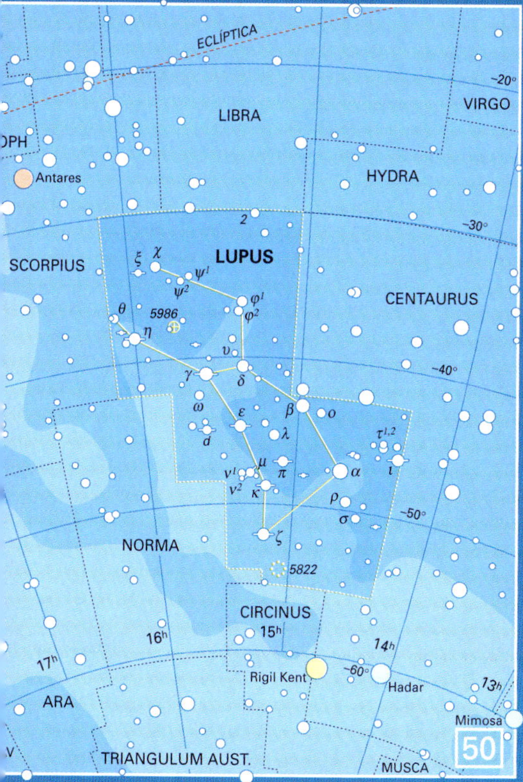
ECLÍPTICA
LIBRA
VIRGO
-20°
OPH
HYDRA
Antares
2
-30°
SCORPIUS
LUPUS
CENTAURUS
5986
-40°
-50°
NORMA
5822
CIRCINUS
15h
16h
14h
17h
-60°
Rigil Kent
Hadar
13h
ARA
Mimosa
TRIANGULUM AUST.
MUSCA

LYNX El Lince

Esta constelación fue bautizada así por el astrónomo polaco Johannes Hevelius, porque se necesitan "ojos de lince" para observarla. Cambios en los límites de la constelación produjeron confusión en la nomenclatura estelar. Por ejemplo, *Lynx* contiene la estrella *10 Ursae Majoris,* mientras que la estrella conocida como *41 Lyncis* está en *Ursa Major.*

ESTRELLAS DOBLES Y MÚLTIPLES

5 Lyncis es una gigante naranja de mag. 5 con una acompañante de mag. 8, visible en pequeños telescopios.

12 Lyncis es una estrella blanca azulosa de mag. 5 con una compañera de mag. 7, para pequeños telescopios. En aperturas de 75 mm o más, el componente más brillante se observa que tiene un compañero de mag. 6, haciendo de *12 Lyncis* triple.

19 Lyncis es un nítido par de estrellas de mags. 6 y 7 con un acompañante separado de mag. 8.

38 Lyncis es una pareja cerrada de estrellas de mags. 4 y 6, un reto para los pequeños telescopios a causa de su cercanía.

41 Lyncis se encuentra en los límites de *Ursa Major.* Es una interesante estrella triple, con componentes de mags. 5, 8 y 10, dispuestas en un triángulo.

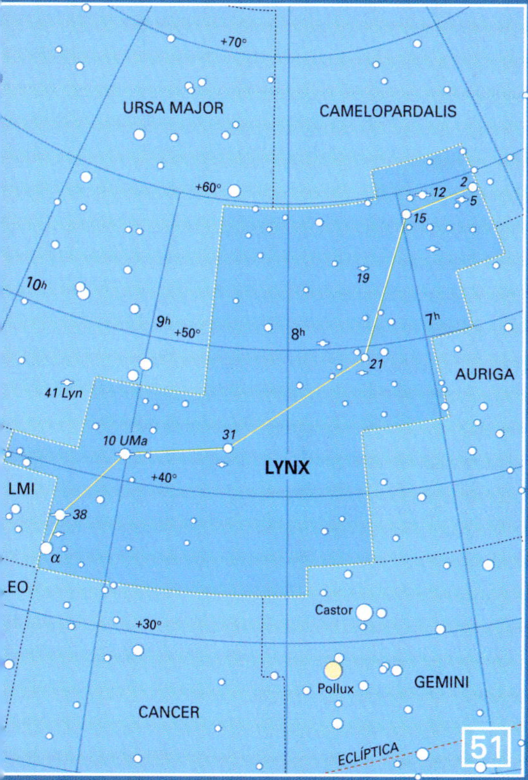
+70°
URSA MAJOR
CAMELOPARDALIS
+60°
2
12
5
15
19
10h
9h
+50°
8h
7h
21
AURIGA
41 Lyn
10 UMa
31
LYNX
+40°
LMI
38
α
LEO
Castor
+30°
Pollux
GEMINI
CANCER
ECLÍPTICA

LYRA La Lira

Esta destacada constelación del hemisferio celeste Norte representa el arpa de Orfeo. *Lyra* es a veces vista como un águila o un buitre.

Estrella brillante

α (alpha) *Lyrae* (del árabe *vega,* que significa águila cazadora) es una brillante estrella blanca de mag. 0,0 la quinta en brillo de todo el cielo. Está a 25 a.l. de distancia. *Vega* forma una de las esquinas de las tres estrellas del Triángulo del Verano, completado por *Deneb* en *Cygnus* y *Altair* en *Aquila.*

Estrellas variables y dobles

β (beta) *Lyrae* es una estrella binaria eclipsante color crema que varía desde mag. 3,3 a 4,4 cada 12 días y 22 horas. β *Lyrae* es una atractiva estrella doble, con una compañera azul de mag. 7. Además, hay otras dos compañeras separadas de mag. 10 que pueden verse en pequeños telescopios.

δ (delta) *Lyrae* es otra doble variable. Los binoculares muestran una estrella blanca azulosa de mag. 6 y una gigante roja semirregular variable de mag. 4, la cual varía alrededor de mag. 0,1.

ε (epsilon) *Lyrae* es la más famosa estrella cuádruple del cielo, comúnmente conocida como la Doble Doble. Los ▶ binoculares, o aun una aguzada visión, muestran que

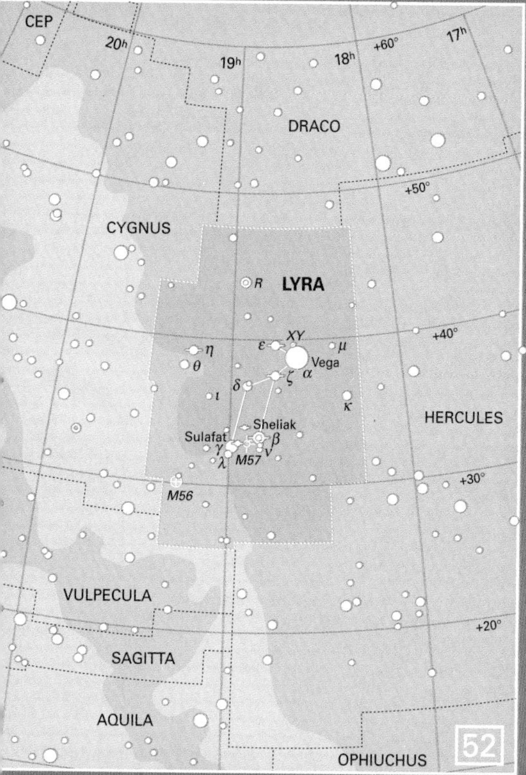
CEP
20h
19h
18h
17h
+60°
DRACO
+50°
CYGNUS
R
LYRA
XY
ε
μ
+40°
η
θ
Vega
α
ζ
δ
ι
κ
HERCULES
Sheliak
Sulafat
β
γ
λ
M57
ν
+30°
M56
VULPECULA
+20°
SAGITTA
AQUILA
OPHIUCHUS

consta de un ancho par de estrellas blancas de mag. 5. Pero cada estrella es a su vez doble, y requiere al menos 60 mm ó 75 mm de apertura y alto aumento para separarlas.

ζ (zeta) *Lyrae* es una cómoda estrella doble de mags. 4 y 6 para binoculares y pequeños telescopios.

R Lyrae es una gigante roja que varía semirregularmente entre mags. 3,9 y 5,0 cada seis o siete semanas.

NEBULOSA PLANETARIA

M57 (NGC 6720) es la famosa Nebulosa del Anillo. Es fácil de encontrar, a mitad de camino entre β (beta) y γ (gamma) *Lyrae.* Los telescopios pequeños la muestran en noches oscuras como un fantasmal disco elíptico, mayor que el diámetro aparente de Júpiter. Su brillantez es similar a la de una estrella de mag. 9 fuera de foco. Aperturas de al menos 150 mm son necesarias para mostrar su agujero central, pero su tenue estrella central está más allá del alcance de los telescopios aficionados.

METEORITOS

Los meteoritos de la *Líridas* radian desde un punto cerca de *Vega* cada año. Son brillantes pero no particularmente abundantes, con un pico de cerca de 10 meteoritos por hora en abril 21-22, aunque se han visto grandes estallidos de actividad.

Derecha: Mapa comparativo para la estrella variable Beta Lyrae.

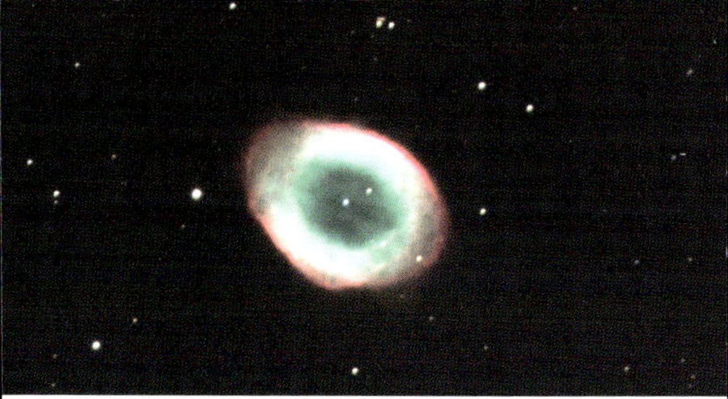

Arriba: La Nebulosa del Anillo en Lyra, M57. Daniel Folha y Simon Tulloch, Isaac Newton Group of Telescopes, La Palma.

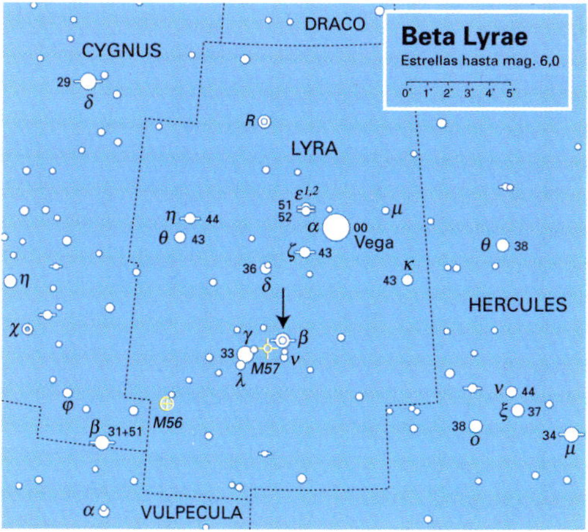

MENSA La Montaña Mesa

Esta débil y oscura constelación de la región polar Sur del cielo, tiene como principal punto de interés que parte de la Gran Nube de Magallanes entra en sus límites desde *Dorado.* Las estrellas más brillantes de *Mensa* son de mag. 5 y no hay objetos notorios para los propietarios de telescopios pequeños.

MICROSCOPIUM El Microscopio

En esta tenue constelación del hemisferio Sur del cielo, sus estrellas más brillantes son de mag. 5 y escasamente contiene algunos objetos de interés para los propietarios de telescopios pequeños.

Estrella doble

α (alpha) *Microscopii* es una gigante amarilla de mag. 5 con una compañera de mag. 10, visible en pequeños telescopios.

MENSA

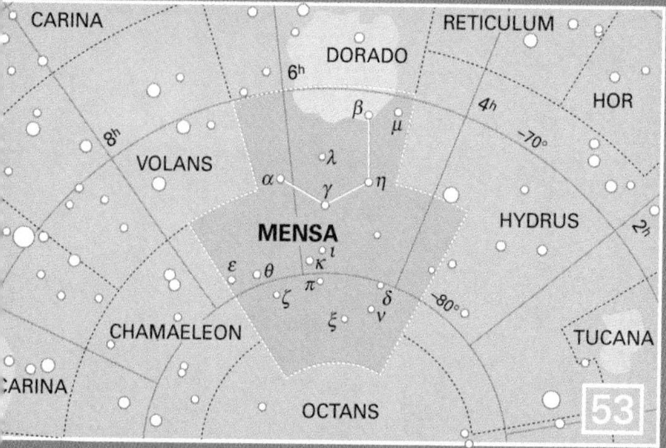

MICROSCOPIUM

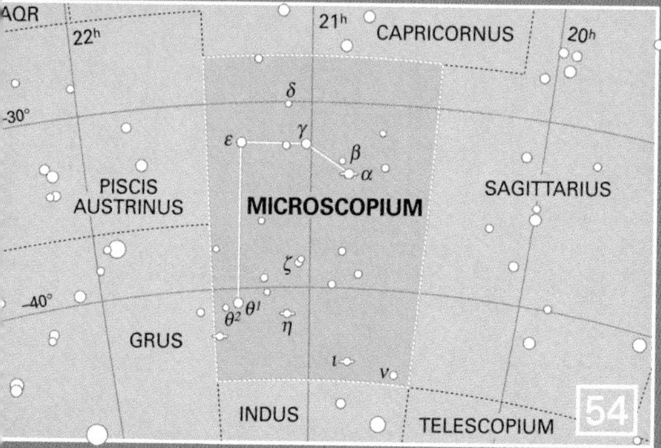

MONOCEROS El Unicornio

En esta constelación de la región celeste ecuatorial, sus más brillantes estrellas son apenas de mag. 4; es opacada por la brillantez de la vecina *Orion,* pero contiene algunos interesantes cúmulos y nebulosas.

Estrella variable

S Monocerotis es una supergigante blanca azulosa erráticamente variable, la cual fluctúa alrededor de la mag. 4,7 sin un período establecido. Tiene una compañera de mag. 8, difícil de ver en los más pequeños telescopios a causa de su cercanía. *S Monocerotis* es el miembro más brillante del cúmulo de estrellas *NGC 2264* (ver p. 168).

Estrellas dobles y múltiples

β (beta) *Monocerotis* es una sobresaliente estrella triple para telescopios de todas las aperturas. Las tres estrellas blanca azulosas, todas de mag. 5, están dispuestas en arco, y las dos estrellas más tenues son las más juntas.

δ (delta) *Monocerotis,* una estrella blanca azulosa de mag. 4, tiene una separada pero no relacionada compañera de mag. 5, *21 Monocerotis,* visible a ojo desnudo o con binoculares.

8 Monocerotis, conocida como ε (epsilon) *Monocerotis,* es una interesante estrella doble para pequeños telescopios, con estrellas azul y amarilla de mags. 4 y 7.

►

MONOCEROS

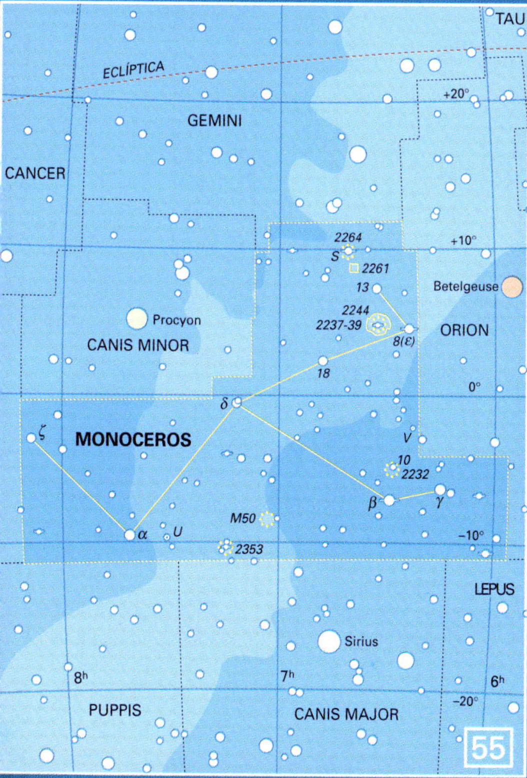
TAU
ECLÍPTICA
+20°
GEMINI
CANCER
2264
S
+10°
2261
13
Betelgeuse
2244
2237-39
Procyon
ORION
8(ε)
CANIS MINOR
18
0°
δ
ζ
MONOCEROS
V
10
2232
β
γ
M50
α
U
–10°
2353
LEPUS
Sirius
8h
7h
6h
–20°
PUPPIS
CANIS MAJOR

CÚMULOS ABIERTOS
M50 (NGC 2323) es un cúmulo binocular de mag. 6. Los telescopios resuelven docenas de estrellas individuales que incluye una gigante naranja cerca de su borde sur.

NGC 2232 es un esparcido cúmulo binocular centrado en la estrella blanca azulosa de mag. 5, *10 Monocerotis*.

NGC 2244 es un cúmulo binocular de jóvenes estrellas nacidas de una nebulosidad que las rodea, la Nebulosa Roseta, a más de 5.000 a.l. de distancia. Las más brillantes estrellas del cúmulo forman un notorio rectángulo. Una estrella amarilla de mag. 6, *12 Monocerotis,* parece ser parte del cúmulo pero en realidad es una estrella de primer plano no emparentada. La nebulosa que rodea este cúmulo se conoce como la Roseta, a causa de su figura de flor. La Nebulosa Roseta puede vislumbrarse con binoculares en cielos oscuros, pero su completa belleza se muestra sólo en fotografías de larga exposición.

NGC 2264 es otro cúmulo inmerso en la nebulosa. Los binoculares muestran un grupo de alrededor de 20 estrellas, e incluye la variable *S Monocerotis* (ver p. 166) dispuestas en forma triangular. Fotografías de larga exposición muestran una tenue nebulosidad que las rodea. En su confín sur está una intrusa cuña de polvo oscuro, conocida como la Nebulosa del Cono por su perfil cónico. *NGC 2264* está a 2.500 a.l. de distancia.

La Nebulosa de la Roseta es un tenue bucle de gas rodeando el cúmulo de estrellas NGC 2244 en Monoceros. AURA/NOAO/NSF.

MUSCA La Mosca

Esta pequeña constelación de la región polar Sur del cielo, fue originalmente conocida como *Apis,* la Abeja. Parte de la Nebulosa Saco de Carbón se esparce en *Musca* desde la vecina *Crux,* la *Cruz del Sur.*

Estrellas dobles

β (beta) *Muscae* aparece a simple vista como una estrella blanca azulosa de mag. 3. Los telescopios de 100 mm de apertura y alto aumento muestran que en realidad consta de un par cerrado de estrellas de mag. 4.

θ (theta) *Muscae* es una estrella doble de mags. 6 y 8 para pequeños telescopios. El componente más tenue es una pequeña y caliente estrella del tipo conocido como estrella *Wolf-Rayet* (una rara clase de estrellas con superficies muy calientes las cuales parecen gas eyectado).

Musca, mostrada con su antiguo nombre de Apis, la Abeja, en el atlas de 1801 de Johann Bode. Royal Greenwich Observatory.

MUSCA

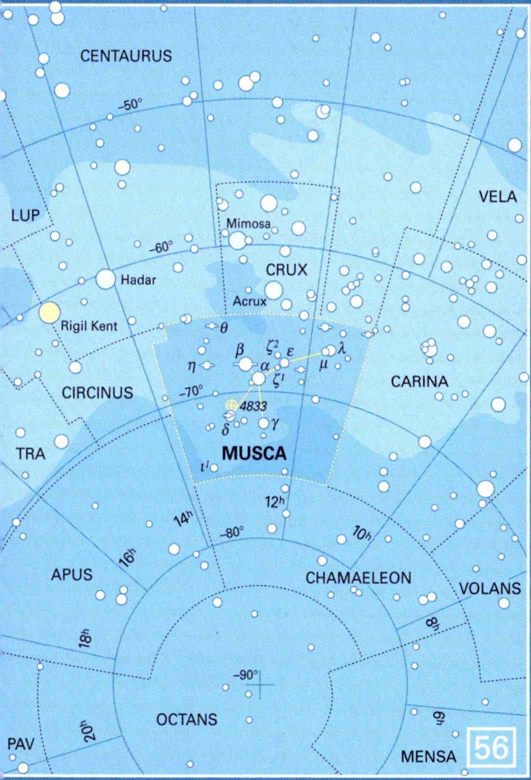
CENTAURUS
–50°
LUP
VELA
Mimosa
–60°
CRUX
Hadar
Acrux
Rigil Kent
θ
β
ζ²
ε
λ
η
α
μ
ζ¹
CARINA
CIRCINUS
–70°
4833
γ
δ
TRA
MUSCA
ι¹
12h
14h
10h
–80°
16h
APUS
CHAMAELEON
VOLANS
8h
18h
–90°
OCTANS
9h
20h
PAV
MENSA

NORMA La Escuadra

Esta pequeña constelación del hemisferio Sur del cielo representa la escuadra del dibujante; su estrella más brillante es apenas de mag. 4. Los límites de la constelación han sido cambiados desde cuando fue formada por primera vez, así que ya no contiene las estrellas que fueron originalmente rotuladas α (alpha) y β (beta).

Estrellas dobles

γ^1 γ^2 (gamma^1 gamma^2) *Normae* son un par no conectado de estrellas amarillas gigantes y supergigantes de mags. 4 y 5.

ε (epsilon) *Normae* es una estrella de mag. 5 con una compañera de mag. 7, visible en pequeños telescopios. Astrónomos profesionales han encontrado que la estrella más brillante es una binaria espectroscópica, que forma entonces un sistema triple.

ι^1 (iota^1) *Normae* es una estrella de mag. 5 con una compañera de mag. 8, para pequeños telescopios.

Cúmulo abierto

NGC 6087 es un extenso cúmulo visible en binoculares de cerca de 40 estrellas, incluyendo la variable Cefeida *S Normae,* la cual tiene un rango desde mag. 6,1 a 6,8 cada 9,8 días.

NORMA

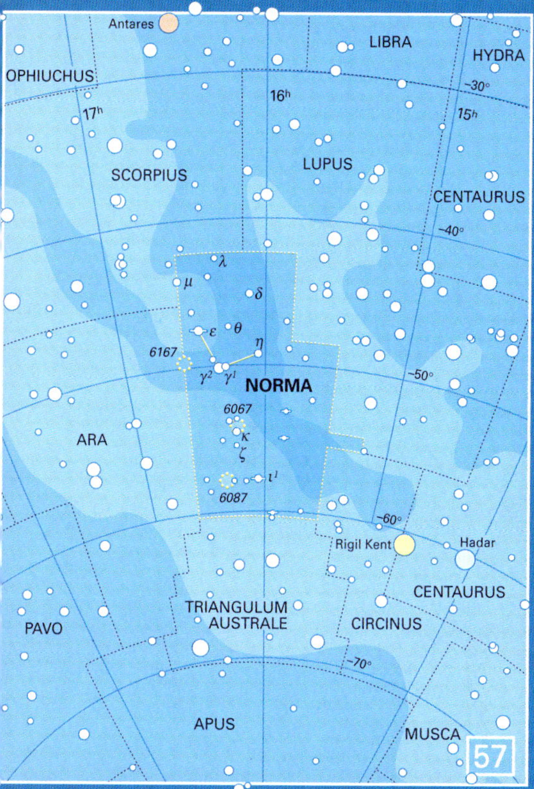

Antares
LIBRA
HYDRA
OPHIUCHUS
16h
-30°
17h
15h
LUPUS
SCORPIUS
CENTAURUS
-40°
λ
μ
δ
ε
θ
η
6167
γ2
γ1
NORMA
-50°
6067
κ
ARA
ζ
ι1
6087
-60°
Rigil Kent
Hadar
CENTAURUS
TRIANGULUM
AUSTRALE
PAVO
CIRCINUS
-70°
APUS
MUSCA

OCTANS El Octante

Esta constelación, que contiene el polo Sur celeste, representa un antiguo instrumento de navegación, el octante, un antecesor del sextante. A pesar de su privilegiada disposición, la constelación no es prominente; sus estrellas más brillantes son apenas de mag. 4.

Estrella doble

λ (lambda) *Octantis* es una estrella doble para pequeños telescopios, con componentes amarillo y blanco de mags. 5 y 7.

Estrella polar del Sur

σ (sigma) *Octantis* es la estrella visual más cercana al polo Sur celeste. Esta estrella gigante amarilla blanca de mag. 5,4 está a 270 a.l. de distancia. Actualmente, σ *Octantis* está a 1° del polo celeste. Estuvo más cerca del polo celeste en el siglo XIX, cuando se encontraba a 45´ de distancia. El efecto de precesión está moviendo el polo celeste hacia fuera de σ *Octantis,* en un área vacía del cielo en la dirección de *Chamaeleon*. La próxima estrella polar Sur razonablemente brillante será la amplia estrella doble de mag. 4 δ (delta) *Chamaeleontis,* dentro de 2000 años. Para encontrar la posición exacta del polo Sur celeste, note que este forma un aproximado triángulo equilátero con χ (chi) y τ (tau) *Octantis.*

OCTANS

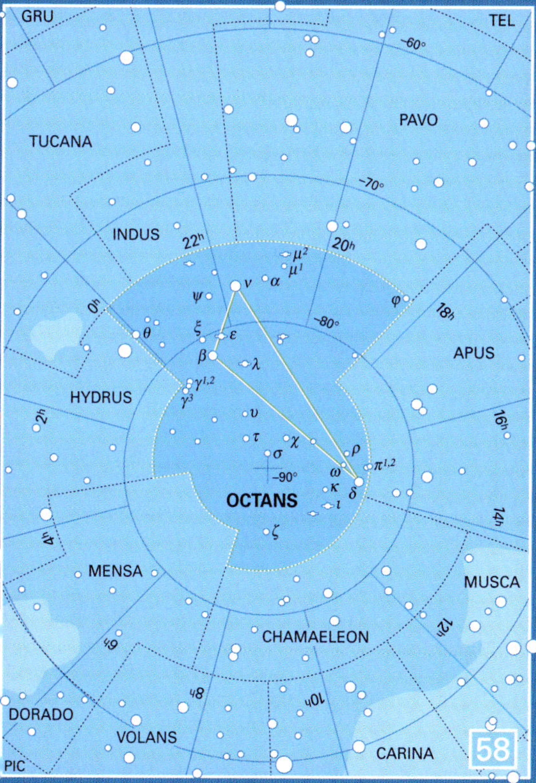

GRU
TEL
-60°
PAVO
TUCANA
-70°
INDUS
22h
20h
μ2
μ1
ν
α
ψ
φ
0h
18h
θ
ξ
ε
-80°
β
λ
APUS
γ1,2
γ3
HYDRUS
υ
2h
16h
τ
χ
σ
ρ
ω
π1,2
-90°
κ
δ
OCTANS
ι
14h
4h
ζ
MENSA
MUSCA
12h
6h
CHAMAELEON
8h
10h
DORADO
VOLANS
CARINA
PIC

OPHIUCHUS El Portador de la Serpiente

Esta extensa constelación de la región ecuatorial del cielo representa un hombre rodeado por una serpiente (la constelación *Serpens*). *Ophiuchus* es tradicionalmente identificada con *Esculapio,* un mítico sanador griego. El Sol pasa por *Ophiuchus* durante diciembre cada año, pero la constelación no es parte del Zodiaco.

ESTRELLAS DOBLES Y MÚLTIPLES

ρ (rho) *Ophiuchi* es una compleja estrella múltiple. Los pequeños telescopios con gran aumento muestran un cerrado par de estrellas de mags. 5 y 6; con binoculares pueden verse dos abiertas compañeras de mag. 7, una a cada lado, formando un grupo en forma de V. ρ (rho) *Ophiuchi* está inmersa en una tenue nebulosidad, la cual se muestra solamente en fotografías de larga exposición.

τ (tau) *Ophiuchi* es un par cerrado de estrellas naranjas de mags. 5 y 6 que requieren una apertura de 100 mm y gran aumento para dividirse.

36 Ophiuchi es un nítido par de estrellas naranjas de mag. 5 para pequeños telescopios.

70 Ophiuchi es una bella estrella doble cerrada con componentes de mags. 4 y 5, separables en aperturas de 75 mm. A una distancia de 16,6 a.l., *70 Ophiuchi* está relativamente cercana a nosotros.

▶

OPHIUCHUS

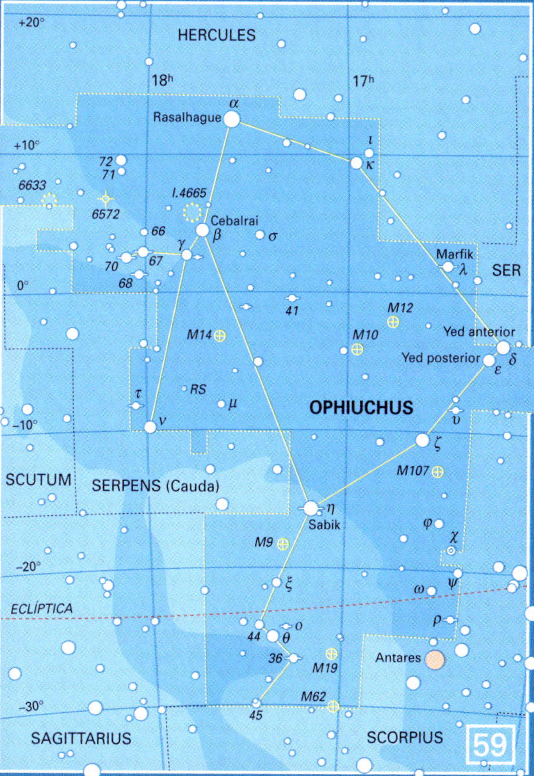

+20°
HERCULES
18h
17h
α
Rasalhague
+10°
ι
κ
72
71
6633
I.4665
6572
Cebalrai
β
σ
66
γ
70
67
68
Marfik
λ
SER
0°
41
M12
M14
M10
Yed anterior
Yed posterior
δ
ε
τ
RS
μ
ν
OPHIUCHUS
υ
–10°
ζ
M107
SCUTUM
SERPENS (Cauda)
η
Sabik
φ
M9
χ
–20°
ξ
ψ
ω
ECLÍPTICA
ο
ρ
44
θ
36
M19
Antares
M62
–30°
45
SAGITTARIUS
SCORPIUS

Estrella variable

RS Ophiuchi es una nova recurrente que ha brillado de mag. 11 a mag. 5 en 1898, 1933, 1958, 1967 y 1985, y puede esperarse que lo haga otra vez.

Estrella cercana

La Estrella de Barnard, a 5,9 a.l. de distancia, es la siguiente estrella cercana al Sol después del sistema triple de α (alpha) *Centauri.* Es una enana roja de mag. 9,5 dentro del rango de los telescopios pequeños. El mapa de localización enfrente ayudará a localizar este esquivo pero fascinante objeto. La Estrella de Barnard tiene mayor movimiento propio que cualquier otra estrella; se mueve 1° en el cielo cada 350 años.

Cúmulos abiertos

IC 4665 es un cúmulo visible en binoculares que consta de un vago reguero de cerca de 20 estrellas de mag. 7 ó más tenues, cubriendo una amplia área del cielo como la Luna llena, visible en el mismo campo visual que la estrella naranja gigante de mag. 3 β (beta) *Ophiuchi.*

NGC 6633 es un cúmulo binocular de unas 30 estrellas.

Cúmulos globulares

M10 (NGC 6254) y *M12 (NGC 6218),* ambos de mag. 7, son los más destacados de varios cúmulos globulares visibles en *Ophiuchus.* En binoculares o pequeños telescopios se observan como parches nublados. De los dos, *M10* luce como el más condensado.

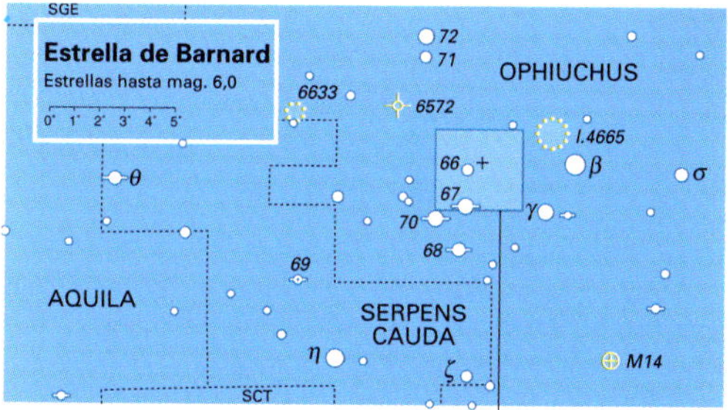
SGE
Estrella de Barnard
Estrellas hasta mag. 6,0
0° 1° 2° 3° 4° 5°
72
71
OPHIUCHUS
6633
6572
I.4665
66
67
70
68
69
θ
β
σ
γ
AQUILA
SERPENS
CAUDA
η
ζ
M14
SCT

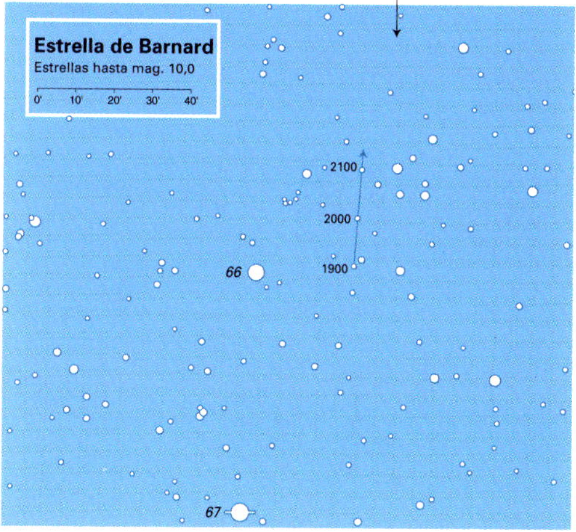
Estrella de Barnard
Estrellas hasta mag. 10,0
0' 10' 20' 30' 40'
2100
2000
1900
66
67

ORION El Cazador

Esta magnífica constelación de la región ecuatorial del cielo representa al cazador o guerrero con su escudo y su garrote erguido contra la resoplada embestida de su vecino *Taurus,* el Toro. En la mitología griega, el jactancioso Orión fue herido de muerte por un escorpión, y ahora está colocado en un lugar del cielo en el que se oculta en el Oeste cuando su verdugo, representado por la constelación *Scorpius,* se eleva en el Este.

ESTRELLAS BRILLANTES

α (alpha) *Orionis* (*Betelgeuse*) es una estrella supergigante roja y semirregular variable que fluctúa entre mags. 0,0 y 1,3 en un período aproximado de seis años. En su máximo está entre las diez estrellas más brillantes del cielo. Su diámetro pulsa entre 300 y 400 veces el tamaño del Sol. Está a 430 a.l. de distancia.

β (beta) *Orionis* (de *rigel,* que significa pie) es una supergigante blanca azulosa de mag 0,2, la séptima estrella en brillo del cielo y la más brillante de *Orion*. Rigel está a 770 a.l. de distancia y tiene una compañera de mag. 7 que es difícil de distinguir para los telescopios más pequeños.

γ (gamma) *Orionis* (de *bellatrix,* que significa el guerrero) es una gigante azul de mag. 1,6.

ε (epsilon) *Orionis* (de *alnilam,* que significa hilera de perlas) es una supergigante azul de mag. 1,7. ►

ORION

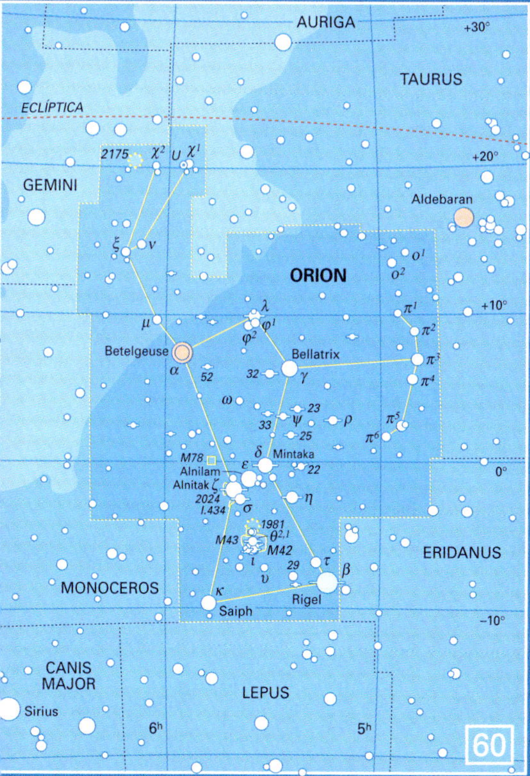
AURIGA
+30°
TAURUS
ECLÍPTICA
2175
U
+20°
GEMINI
Aldebaran
ORION
+10°
Betelgeuse
52
Bellatrix
32
23
33
25
M78
Mintaka
22
0°
Alnilam
Alnitak
2024
I.434
1981
M43
M42
29
ERIDANUS
MONOCEROS
Rigel
Saiph
−10°
CANIS
MAJOR
LEPUS
Sirius
6h
5h

Estrellas dobles y múltiples

δ (delta) *Orionis* (de *mintaka,* que significa el cinturón) es una estrella blanca azulosa de mag. 2,2 con una separada compañera de mag. 7 para binoculares y telescopios pequeños.

ζ (zeta) *Orionis* (de *alnitak,* que significa el cinto) consta de una pareja bien cerrada de mags. 1,8 y 4,0 que requiere al menos 75 mm de apertura y gran aumento para separarla. Hay también una compañía más abierta de mag. 10.

θ^1 (theta^1) *Orionis*, conocida como el Trapecio, es una estrella múltiple en el corazón de la Nebulosa Orión. Pequeños telescopios muestran un rectángulo de 4 estrellas con mags. entre 5 y 8. Hay también dos estrellas de mag. 11 visibles con aperturas de 100 mm.

θ^2 (theta^2) *Orionis* está cerca de θ^1 (theta^1) *Orionis,* y es un dúo binocular de estrellas de mags. 5 y 6.

ι (iota) *Orionis* es una desigual estrella doble de mags. 3 y 7. Visible en el mismo campo está una doble abierta conocida como *Struve 747,* de mags. 5 y 6.

λ (lambda) *Orionis* es un par cerrado de estrellas de mags. 4 y 6, para pequeños telescopios.

σ (sigma) *Orionis* es una elegante estrella múltiple. Los binoculares muestran que esta estrella blanca azulosa de mag. 4 tiene una compañera de mag. 7. Los ▶

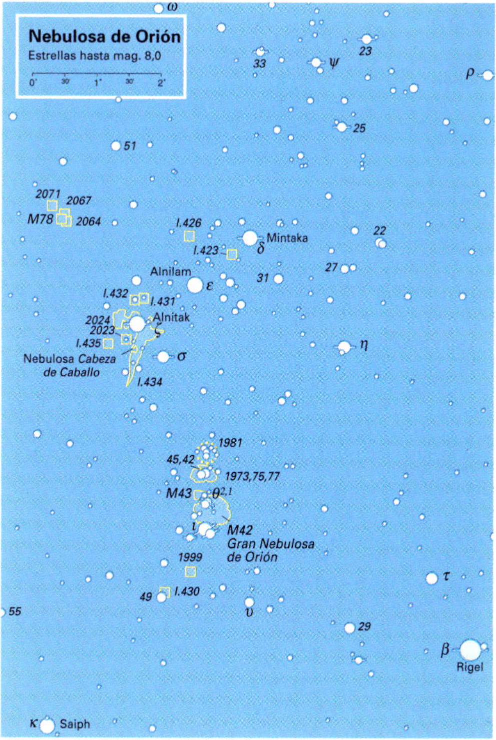
Nebulosa de Orión
Estrellas hasta mag. 8,0
0° 30' 1° 30' 2°
ω
33
ψ
23
ρ
25
51
2071
2067
M78
2064
I.426
Mintaka
δ
22
I.423
27
Alnilam
ε
31
I.432
I.431
Alnitak
2024
2023
ζ
I.435
η
Nebulosa Cabeza
de Caballo
σ
I.434
1981
45,42
1973,75,77
M43
θ2,1
ι
M42
Gran Nebulosa
de Orión
1999
τ
49
I.430
55
υ
29
β
Rigel
κ
Saiph

telescopios pequeños revelan dos compañeras más cercanas de mags. 7 y 9, y le dan a σ *Orionis* la apariencia de una luna con planetas. En el mismo campo visual del telescopio está la estrella triple *Struve 761,* con un fino triángulo de estrellas de mags. 8 y 9, que completa una muy agradable y rica agrupación.

CÚMULO ABIERTO

NGC 1981 es un esparcido cúmulo binocular de alrededor de 20 estrellas que incluye la estrella doble *Struve 750*, una pareja de estrellas de mags. 6 y 8, para pequeños telescopios.

NEBULOSA

M42 (NGC 1976) y *M43 (NGC1982)* juntas forman uno de los más famosos objetos en todo el cielo: la Gran Nebulosa de Orión, una nube de gas y polvo de 1° completo, en el cual están naciendo las estrellas. La nebulosa en sí misma es visible a ojo desnudo como un parche nuboso que forma la espada de *Orion*. Es prominente con binoculares y corta la respiración en los telescopios con poco aumento que revelan los indescriptibles y complejos torbellinos y remolinos de gases. Visualmente, la Nebulosa de Orión parece estar en dos partes, *M42* y *M43,* pero las fotografías muestran que ambas son parte de la misma gran nube separadas por una oscura intrusión conocida como la Boca del Pez. Al ojo humano la Nebulosa de Orión aparece verdosa, pero las fotografías muestran que su verdadero color es el rojizo naranja. La razón de esta diferencia es que el ojo humano tiene una sensibilidad muy pobre a los colores en niveles bajos de luz. En el corazón de la Nebulosa de Orión está la estrella múltiple θ^1 (theta^1) *Orionis*, la cual ilumina el gas a su alrededor. La Nebulosa de Orión está a 1.500 a.l. de distancia y tiene un diámetro de 20 a.l. Contiene suficiente gas para formar un cúmulo de miles de estrellas.

NGC 1977 es un parche nebuloso al Norte de la Nebulosa de Orión. Rodea las estrellas de mag. 5, *42 y 45 Orionis.* Aunque visible en telescopios pequeños, *NGC 1977* es subestimada por su vecina: *M42.*

La Nebulosa Cabeza de Caballo es una sorprendente nebulosa oscura que luce como el caballo negro de un juego celeste de ajedrez. Esto debido a una nube de polvo oscuro encima de la tenue nebulosidad de *IC 434,* la cual se extiende al sur de ζ (zeta) *Orionis.* Sin embargo, *IC 434* es visualmente muy esquiva aun en los más grandes telescopios de los aficionados y la Cabeza de Caballo es casi invisible, así que los observadores deben contentarse con las visiones de este extraordinario objeto ofrecidas por las fotografías de larga exposición.

METEORITOS

Los meteoritos de Oriónidas alcanzan su pico alrededor de octubre 22 cada año, cuando unos 25 meteoritos por hora pueden verse provenientes de un punto cerca del límite con *Gemini*.

PAVO El Pavo Real

Esta modesta constelación del hemisferio Sur celeste representa el ave que fue sacrificada a la diosa de los cielos: Juno.

Estrella brillante

α (alpha) *Pavonis* (Pavo Real) es una estrella blanca azulosa de mag. 1,9.

Estrella variable

κ (kappa) *Pavonis* es una de las más brillantes variables Cefeidas, una supergigante amarilla blanca que varía entre mags. 3,9 y 4,8 cada 9,1 días.

Estrella doble

ξ (xi) *Pavonis* es una desigual estrella doble que consta de una gigante roja de mag. 4 con una compañía de mag. 9, difícil de ver en telescopios pequeños porque se pierde en el resplandor de la primaria.

Cúmulo globular

NGC 6752 es una extenso cúmulo globular de mag. 5 para binoculares y pequeños telescopios. Dentro de su área exterior está una muy cerrada estrella doble de mag. 8, pero este es un objeto de primer plano.

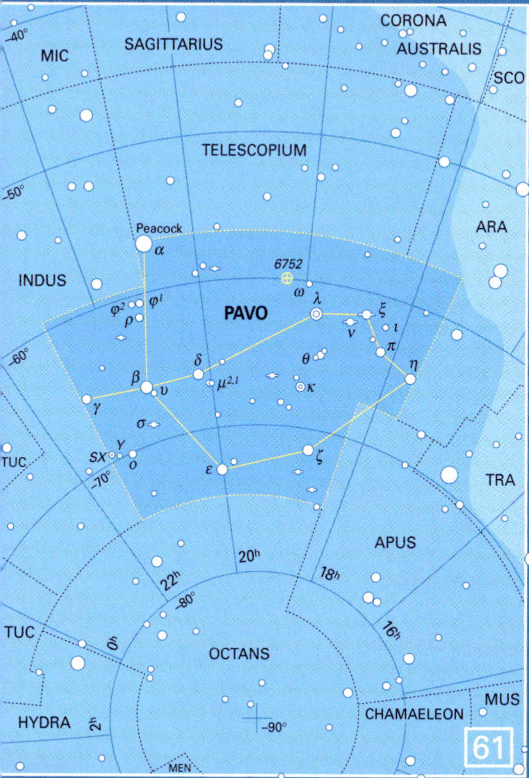
CORONA
AUSTRALIS
SAGITTARIUS
MIC
SCO
-40°
TELESCOPIUM
-50°
ARA
Peacock
INDUS
6752
PAVO
-60°
TUC
SX
Y
TRA
-70°
APUS
20h
18h
22h
-80°
16h
TUC
0h
OCTANS
HYDRA
2h
CHAMAELEON
MUS
-90°
MEN

PEGASUS El Caballo Alado

Esta gran constelación, en la mitad Norte del cielo, representa el caballo alado de la mitología griega. Un rasgo de la constelación es el Gran Cuadro de Pegaso, cuyas esquinas están marcadas por cuatro estrellas; una de estas estrellas, originalmente conocida como δ (delta) *Pegasi,* está ahora asignada a la vecina *Andromeda.*

ESTRELLA VARIABLE

β (beta) *Pegasi* (de *scheat,* que significa espinilla) es una gigante roja variable irregular que fluctúa entre mags. 2 y 3, con un período no establecido.

ESTRELLAS DOBLES

ε (epsilon) *Pegasi* (de *enif,* que significa nariz) es una estrella doble con componentes de un resplandor bastante desigual. La estrella principal es una naranja supergigante de mag, 2; su compañera visible en pequeños telescopios es de mag. 8.

1 Pegasi es una gigante amarilla de mag. 4 con una compañía de mag. 8, para pequeños telescopios.

CÚMULO GLOBULAR

M15 (NGC 7078) es uno de los más hermosos cúmulos globulares en los cielos del Norte. Es un objeto de mag. 6, que se observa como un glorioso parche nuboso en un atractivo campo visual. Aperturas de 150 mm se necesitan para resolver estrellas individuales.

PEGASUS

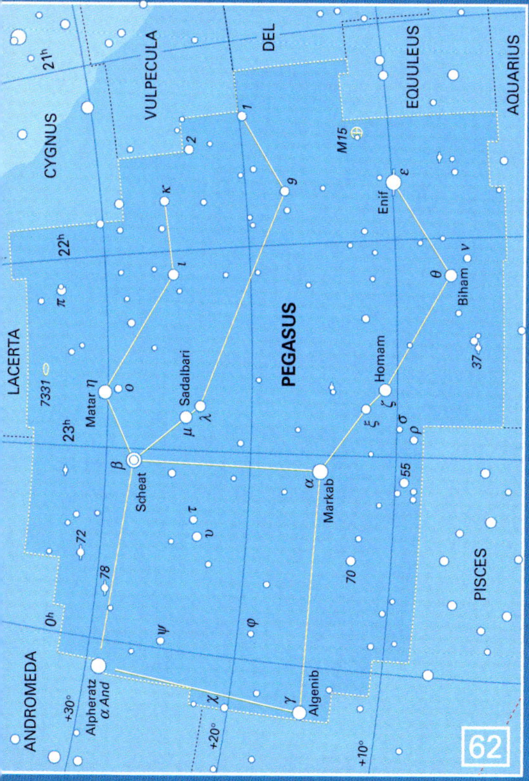
CYGNUS
VULPECULA
DEL
EQUULEUS
AQUARIUS
LACERTA
PEGASUS
PISCES
ANDROMEDA
21h
22h
23h
0h
+30°
+20°
+10°
M15
1
2
9
κ
ι
π
7331
Matar η
ο
Sadalbari
μ
λ
β
Scheat
τ
υ
72
78
ψ
φ
Alpheratz
α And
χ
γ
Algenib
α
Markab
70
55
ρ
σ
ξ
ζ
Homam
37
Biham
θ
ν
Enif
ε

62

PERSEUS

Esta constelación del cielo del Norte representa al héroe de la mitología griega que salvó a Andrómeda. En el cielo, *Perseus* se dibuja sosteniendo la cabeza cortada a Medusa, la Gorgona, marcada por la parpadeante estrella β (beta) *Persei.*

Estrella brillante

α (alpha) *Persei* es una supergigante amarilla blancuzca de mag. 1,8. Se encuentra junto a un cúmulo ampliamente esparcido, *Melotte 20,* que forma un atractivo campo de estrellas en los binoculares.

Estrellas variables

β (beta) *Persei* (de *algol,* que significa el demonio) es el prototipo de las estrellas binarias variables eclipsantes. Estas constan de dos estrellas con órbitas cercanas que periódicamente pasan una enfrente de la otra. *Algol,* a su vez, varía de mag. 2,1 a 3,4 cada 2 días y 21 horas (ver mapa, p. 193).

ρ (rho) *Persei* es una gigante roja variable semirregular que fluctúa entre mags. 3 y 5, cada siete semanas.

Estrellas dobles

ε (epsilon) *Persei* es una estrella blanca azulosa de mag. 3, con una compañera de mag. 8, difícil en los más pequeños telescopios por el contraste del resplandor.

▶

PERSEUS

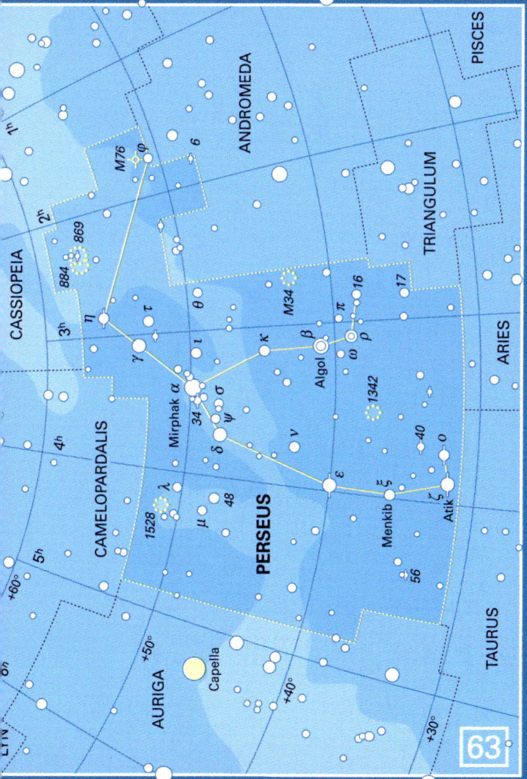

PERSEUS
CASSIOPEIA
ANDROMEDA
PISCES
TRIANGULUM
ARIES
TAURUS
AURIGA
CAMELOPARDALIS
Mirphak α
Algol
Menkib
Atik
Capella
M76
M34
869
884
1342
1528
+60°
+50°
+40°
+30°
1h
2h
3h
4h
5h
63

ζ (zeta) *Persei* es una supergigante azul de mag. 3 con una compañera de mag. 9, para pequeños telescopios.

η (eta) *Persei* es una pareja con estrellas naranja y azul de mags. 4 y 9, en un campo regado de estrellas.

CÚMULOS ABIERTOS

NGC 869 y *NGC 884,* también conocidos como h y χ(chi) *Persei,* son el famoso Doble Cúmulo, una pareja relacionada de cúmulos de estrellas. A simple vista, los dos cúmulos aparecen como un resplandor de la Vía Láctea. Los binoculares muestran que ambos cúmulos constan de brillantes estrellas esparcidas, cada uno cubriendo más de ½° del cielo, y *NGC 869* es el más brillante y rico de la pareja. Unas cuantas estrellas rojas pueden verse en *NGC 884* con pequeños telescopios, pero ninguna en *NGC 869.* Ambos cúmulos están a 7.400 a.l. de distancia en un brazo espiral de nuestra galaxia.

M34 (NGC 1039) es un extenso cúmulo de mag. 5, fácilmente resuelto en sus estrellas individuales por los pequeños telescopios.

METEORITOS

Las Perseidas son la más gloriosa lluvia de estrellas del año: producen un máximo de 80 meteoritos por hora hacia el 12 ó 13 de agosto cada año. Las Perseidas son brillantes, muchas de ellas explotan y dejan estelas.

Derecha: Mapa comparativo y curva de luz para Algol.

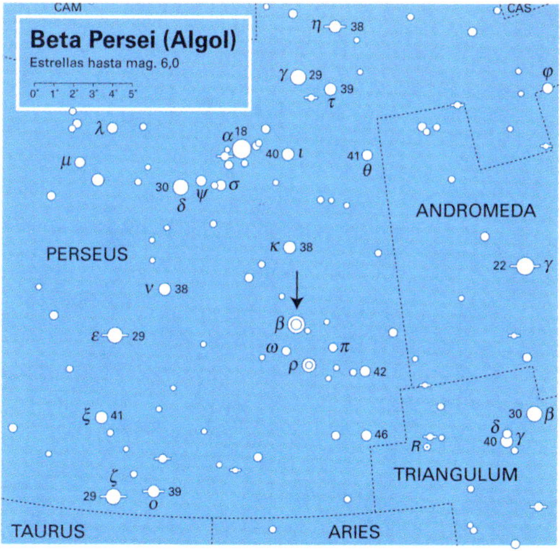
Beta Persei (Algol)
Estrellas hasta mag. 6,0
0° 1° 2° 3° 4° 5°
CAM
CAS
PERSEUS
ANDROMEDA
TRIANGULUM
TAURUS
ARIES
η 38
γ 29
39 τ
φ
λ
μ
α 18
40 ι
41 θ
30 δ
ψ
σ
κ 38
22 γ
ν 38
β
ε 29
ω
π
ρ
42
ξ 41
46
30 β
δ
40 γ
R
ζ
29
39
ο

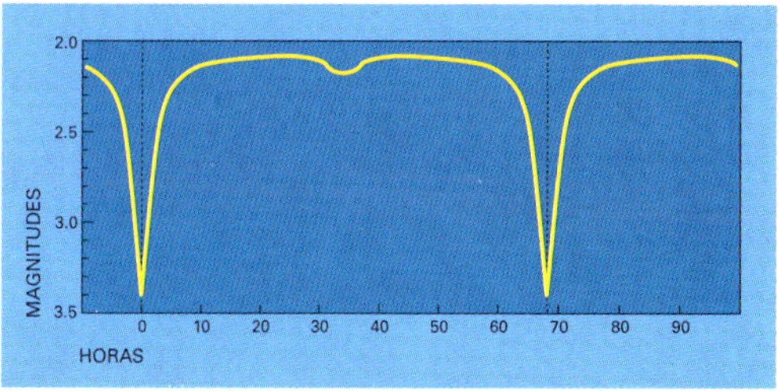
MAGNITUDES
2.0
2.5
3.0
3.5
0
10
20
30
40
50
60
70
80
90
HORAS

PHOENIX El Ave Fénix

Esta constelación del hemisferio Sur celeste representa el ave mitológica que renació de sus propias cenizas.

Estrella variable

ζ (zeta) *Phoenicis* es una estrella compleja doble y variable (ver abajo), el componente más brillante de una binaria eclipsante que varía entre mags. 3,9 y 4,4 cada 40 horas.

Estrellas dobles y múltiples

β (beta) *Phoenicis* es una binaria cerrada de estrellas amarillas de mag. 4, generalmente demasiado vecinas como para resolverse en los telescopios aficionados, pero visibles dentro del rango de las aperturas de 100 mm cuando están más separadas.

ζ (zeta) *Phoenicis* es una estrella doble y también una estrella variable. Los pequeños telescopios la muestran como una estrella blanca azulosa de mag. 4, con una compañera de mag. 8; la más brillante de las dos estrellas es una binaria eclipsante (ver arriba).

PHOENIX

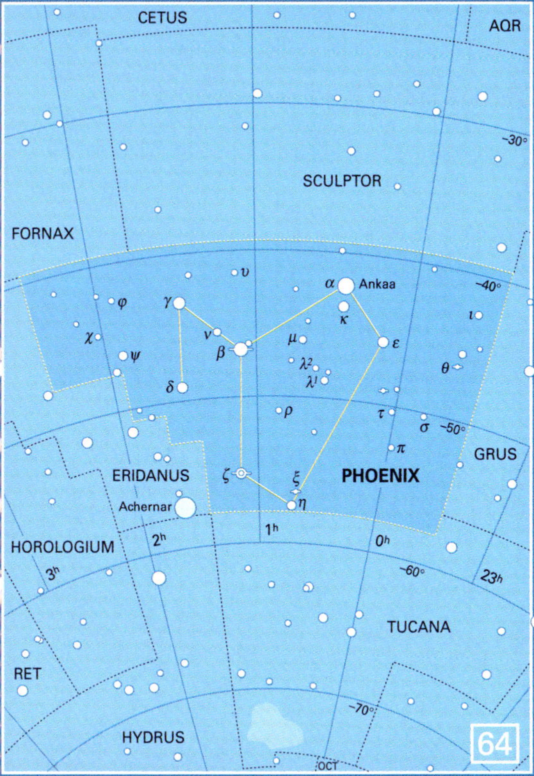

CETUS
AQR
-30°
SCULPTOR
FORNAX
υ
α
Ankaa
-40°
φ
γ
κ
ι
χ
ν
μ
ε
β
ψ
λ²
θ
λ¹
δ
ρ
τ
σ
-50°
π
GRUS
ERIDANUS
ζ
ξ
PHOENIX
Achernar
η
HOROLOGIUM
2h
1h
0h
3h
-60°
23h
TUCANA
RET
-70°
HYDRUS
OCT

PICTOR El Caballete del Pintor

Para esta tenue e insignificante constelación de los cielos del Sur, su título original fue *Equuleus Pictoris,* y desde entonces ha sido acortada a simplemente *Pictor. Pictor* contiene poco interés para el observador casual.

Estrella cercana

La Estrella de Kapetyn es una enana naranja de mag. 9, localizada a 12,8 a.l. de distancia. Notable por tener el segundo movimiento en intensidad de las estrellas. (El récord de movimiento lo sustenta la Estrella de Barnard en *Ophiuchus;* ver p. 178). La Estrella de Kapetyn tarda 415 años para moverse 1° a lo largo del cielo.

¿Sistema planetario?

β (beta) *Pictoris* es una estrella de mag. 4, a 63 a.l. de distancia y notable porque está rodeada por un disco de polvo, detectable por instrumentos profesionales, en el cual se piensa que hay planetas en formación.

PICTOR

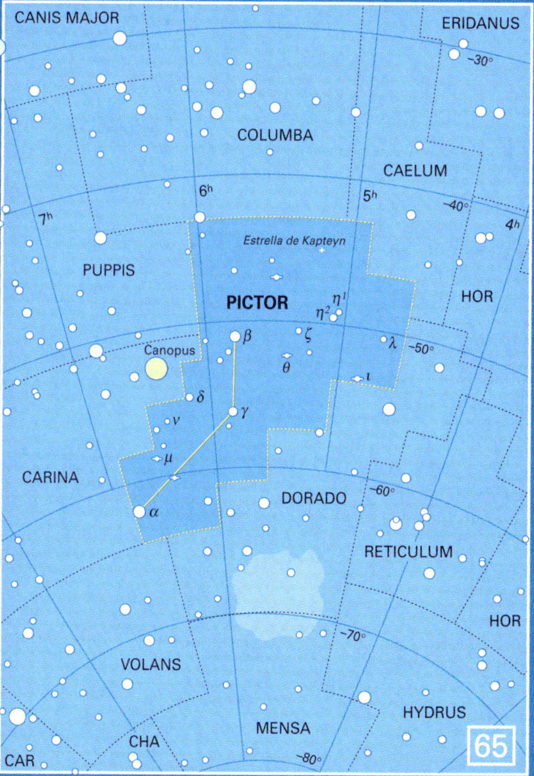

CANIS MAJOR
ERIDANUS
-30°
COLUMBA
CAELUM
6h
5h
-40°
4h
7h
Estrella de Kapteyn
PUPPIS
PICTOR
η1
η2
HOR
β
ζ
λ
-50°
Canopus
θ
ι
δ
γ
ν
μ
CARINA
-60°
α
DORADO
RETICULUM
HOR
-70°
VOLANS
HYDRUS
MENSA
CHA
CAR
-80°

PISCES Los Peces

A través de esta constelación del Zodiaco, el Sol pasa desde mediados de marzo hasta finales de abril. El Sol cruza el ecuador celeste de sur a norte cuando está en *Pisces*; este punto se conoce como el equinoccio vernal y se alcanza alrededor del 20 de marzo cada año. *Pisces* representa una pareja de peces atados por sus colas. Es una constelación sorprendentemente tenue, con sus estrellas más brillantes apenas de mag. 4.

ESTRELLA VARIABLE

TX Piscium (19 Piscium) es una gigante roja variable irregular que fluctúa alrededor de mag. 5.

ESTRELLAS DOBLES

α (alpha) *Piscium* (de *alrescha,* que significa la cuerda) es un par cerrado de estrellas blancas de mags. 4 y 5, que requiere 100 mm de apertura para verlas separadamente. Las estrellas están juntándose actualmente, y en consecuencia progresivamente se tornan más difíciles de dividir.

ζ (zeta) *Piscium* es un sencillo par de estrellas de mag. 5 y 6 para telescopios pequeños.

ρ (rho) *Piscium* y *94 Piscium* forman un sencillo par visible en binoculares de estrellas blanca y naranja.

ψ^1 (psi^1) *Piscium* es un par abierto de estrellas blanca azulosas de mags. 5 y 6, para pequeños telescopios. ▶

PISCES

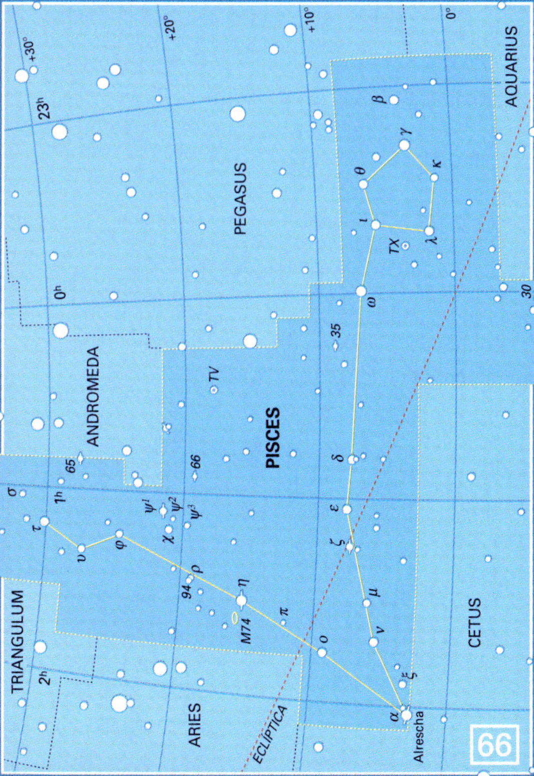

+30°
+20°
+10°
0°
23h
0h
1h
2h
PEGASUS
ANDROMEDA
PISCES
TRIANGULUM
ARIES
CETUS
AQUARIUS
ECLIPTICA
Alrescha
M74
TV
TX
35
65
66
94
30

Galaxia

M74 (NGC 628) es una galaxia espiral de mag. 9, vista de frente; luce impresionante en fotografías de larga exposición pero demasiado tenue para verse bien en los pequeños telescopios aficionados.

PISCIS AUSTRINUS El Pez Austral

Esta constelación de los cielos del Sur, es indistinguible, aparte de su estrella más brillante, *Fomalhaut.* En la mitología fue supuestamente el padre de los peces zodiacales representados por *Pisces.* La constelación es algunas veces llamada *Piscis Australis.*

Estrella brillante

α (alpha) *Piscis Austrini* (del árabe *fomalhaut,* que significa la boca del pez) es una estrella blanca de mag. 1,2, a 25 a.l. de distancia.

Estrellas dobles

β (beta) *Piscis Austrini* es una estrella blanca de mag. 4, con una compañera de mag. 8 que puede ser captada en pequeños telescopios.

γ (gamma) *Piscis Austrini* es una pareja de estrellas de mags. 4 y 8, difíciles de separar en pequeños telescopios por el contraste en brillo.

PISCIS AUSTRINUS

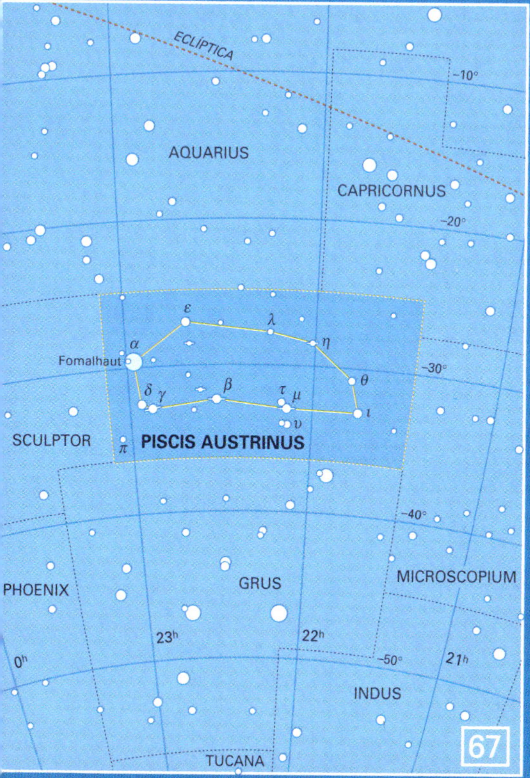

PUPPIS La Popa

Esta constelación del Sur, que en el pasado formó parte de la antigua constelación griega *Argo Navis,* contiene ricos campos de estrellas de la Vía Láctea.

Estrellas variables

L^2 *Puppis* es una gigante roja variable semirregular que fluctúa entre mags. 3 y 6, aproximadamente, cada 140 días. No está relacionada con L^1 *Puppis*.

V Puppis es una binaria eclipsante que varía de mag. 4,4 a mag. 4,9 cada 35 horas.

Estrellas dobles

ξ (xi) *Puppis* es una supergigante amarilla de mag. 3, con una compañera binocular amarilla de mag. 5 no relacionada.

k *Puppis* es un nítido par de estrellas blanca azulosas de mags. 4 y 5, para pequeños telescopios.

Cúmulos abiertos

M46 (NGC 2437) y *M47 (NGC 2422)* son destacados cúmulos visibles en binoculares y a ojo desnudo.

NGC 2451 es un grupo de estrellas esparcido que rodea la gigante naranja *c Puppis*.

NGC 2477 es un extenso y rico cúmulo de mag. 6, que aparece brumoso en los binoculares.

PUPPIS

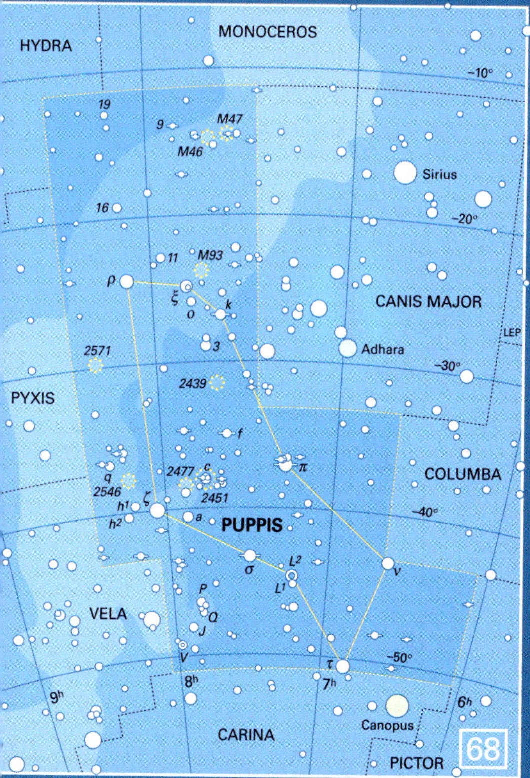
MONOCEROS
HYDRA
−10°
19
9
M47
M46
Sirius
16
−20°
11
M93
ρ
ξ
o
k
CANIS MAJOR
3
LEP
Adhara
2571
−30°
2439
PYXIS
f
π
2477
c
COLUMBA
q
2546
2451
h1
ζ
h2
a
PUPPIS
−40°
L2
σ
ν
L1
P
VELA
Q
J
V
−50°
τ
8h
9h
7h
6h
Canopus
CARINA
PICTOR

PYXIS El Compás

Es la más pequeña de las cuatro partes en las cuales se dividió la gran constelación *Argo Navis,* la Nave de los Argonautas; las otras partes son *Carina, Puppis* y *Vela.* Las estrellas más brillantes de *Pyxis* son apenas de mag. 4, y la constelación tiene poco interés para el observador casual.

Nova recurrente

T Pyxidis es una nova recurrente que se ha visto explotar cinco veces (en 1890, 1902, 1920, 1944 y 1966), un récord que comparte con *RS Ophiuchi.* En su mayor brillo puede alcanzar la mag. 6, pero normalmente dormita en la mag. 14. Nuevas explosiones pueden esperarse.

RETICULUM El Retículo

Esta pequeña e insignificante constelación del hemisferio Sur del cielo representa un instrumento usado por los astrónomos para medir la posición de las estrellas. Su estrella más brillante es de mag. 3.

Estrella doble

ζ (zeta) *Reticuli* es una pareja visual binocular de estrellas amarillas casi idénticas de mag. 5, similares a nuestro propio Sol. Entre ellas hay 39 a.l. de distancia.

PYXIS

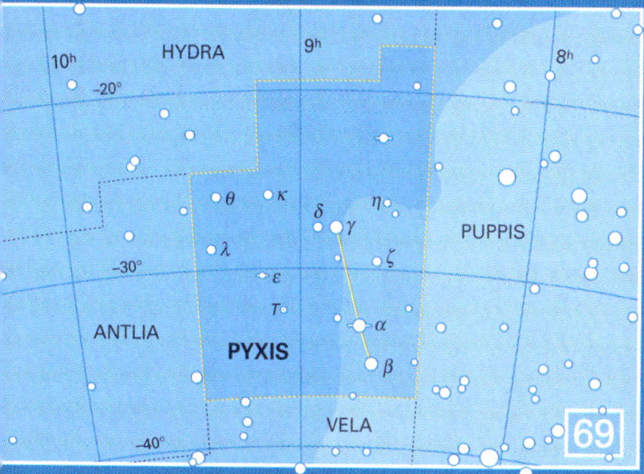

RETICULUM

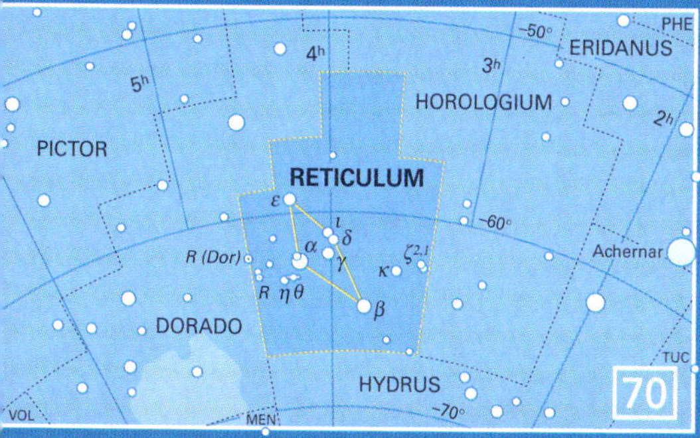

SAGITTA La Flecha

Esta constelación, con una distintiva forma de flecha, y localizada en el hemisferio Norte celeste, es la tercera en tamaño menor y sus estrellas más brillantes son apenas de mag. 4. Una leyenda dice que representa una flecha lanzada por Hércules. *Sagitta* se encuentra en una rica sección de la Vía Láctea.

ESTRELLAS VARIABLES

S Sagittae es una variable Cefeida que fluctúa entre mags. 5,2 y 6,0 cada 8,4 días.

VZ Sagittae es una gigante roja que varía irregularmente entre mags. de 5,3 y 5,6.

ESTRELLA DOBLE

ζ (zeta) *Sagittae* es un par de estrellas de mags. 5 y 9 para pequeños telescopios.

NOVA RECURRENTE

WZ Sagittae es una nova que ha erupcionado desde la mag. 15 a mags. 6 ó 7, en 1913, 1946, 1978 y 2001. Futuras explosiones pueden ocurrir en cualquier momento.

CÚMULO GLOBULAR

M71 (NGC 6838) es un cúmulo globular de mag. 8 que se muestra como un redondo parche nuboso, algo alargado.

SAGITTA

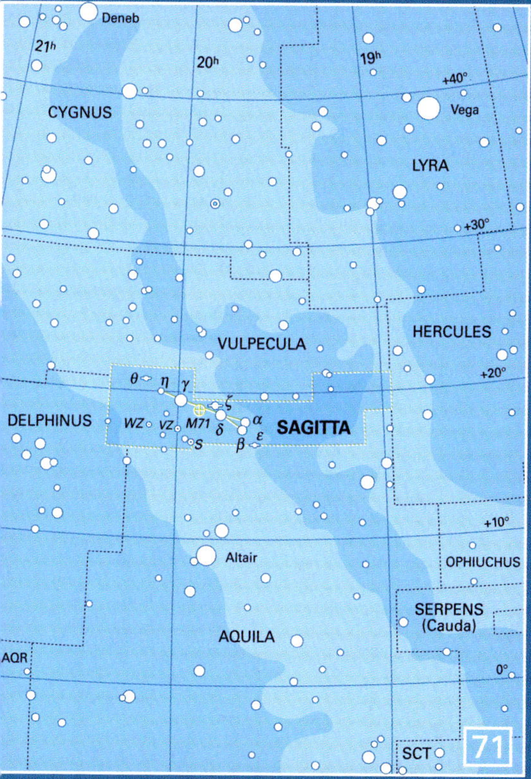

Deneb
21h
20h
19h
+40°
CYGNUS
Vega
LYRA
+30°
HERCULES
VULPECULA
+20°
θ
η
γ
ζ
α
δ
ε
β
S
WZ
VZ
M71
DELPHINUS
SAGITTA
+10°
Altair
OPHIUCHUS
SERPENS
(Cauda)
AQUILA
AQR
0°
SCT

SAGITTARIUS El Arquero

El Sol se encuentra en esta constelación zodiacal desde mediados de diciembre hasta mediados de enero. *Sagittarius* representa un centauro apuntando un arco y una flecha al corazón del vecino *Scorpius*. Las estrellas principales de la constelación se visualizan a menudo como una tetera. *Sagittarius* contiene ricos campos de estrellas de la Vía Láctea hacia el centro de nuestra galaxia, además de numerosos cúmulos y nebulosas.

ESTRELLAS VARIABLES

W Sagittarii es una variable Cefeida que fluctúa entre mags. 4,3 y 5,1 cada 7,6 días.

X Sagittarii es otra Cefeida que varía desde mag. 4,2 a 4,9 cada siete días.

ESTRELLA MÚLTIPLE

β (beta) *Sagittarii* es una doble visual, con dos estrellas no relacionadas de mag. 4. β1 ($beta^1$) *Sagittarii,* la más al norte del par, tiene una compañera de mag. 7, visible en pequeños telescopios.

CÚMULOS ABIERTOS

M23 (NGC 6494) es un extenso cúmulo visible en binoculares con un tamaño aparente como el de la Luna llena. Los pequeños telescopios resuelven algunas de sus 150 estrellas de mag. 9 o más tenues. ▶

SAGITTARIUS

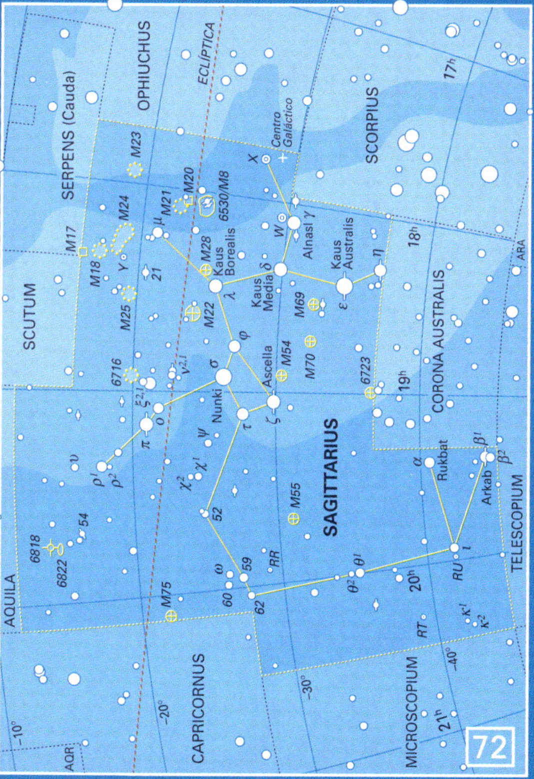

M24 no es en realidad un cúmulo de estrellas; la parte más rica de la Vía Láctea en *Sagittarius,* es una alargada nube de estrellas de 2° de largo y 1° de ancho, observable a simple vista. Los binoculares y los telescopios la muestran como un campo de polvo de estrellas.

M25 (IC 4725) es un extenso y esparcido cúmulo visible en binoculares de alrededor de 30 estrellas de mag. 7 ó más tenues. Cerca del centro está la supergigante *U Sagittarii,* una variable Cefeida que varía desde la mag. 6,3 a la mag. 7,1 cada 6,7 días.

NGC 6530 es un cúmulo visible en binoculares de cerca de 25 estrellas de mag. 7 ó más tenues, entre la Nebulosa de la Laguna, *M8*. Aparentemente, las estrellas fueron formadas recientemente, del gas que las rodea.

CÚMULO GLOBULAR
M22 (NGC 6656) es un cúmulo de mag. 5 visible a ojo desnudo y destacado en binoculares. Los pequeños telescopios revelan su notorio perfil elíptico, pero se necesitan aperturas de al menos 75 mm para resolver las estrellas individuales dentro de él. *M22* es uno de los cúmulos globulares más cercanos a nosotros, a unos 10.000 a.l. de distancia.

NEBULOSAS
M8 (NGC 6523), la Nebulosa de la Laguna, es la mejor de las nebulosas difusas en *Sagittarius* y una de las más elegantes en todo el cielo. Es visible a ojo desnudo como un parche brumoso de mag. 5, similar en tamaño a la Nebulosa de Orión. Los binoculares y telescopios

pequeños muestran el cúmulo *NGC 6530* que yace en su interior. La nebulosa está dividida por una oscura fisura, la llamada *Laguna,* que le da al objeto su nombre, pero se necesitan aperturas de 75 mm o superiores para mostrarla bien. En el otro lado de la fisura, cerca del cúmulo *NGC 6530*, están dos prominentes estrellas, la más brillante *9 Sagittarii* es una supergigante blanca azulosa de mag. 6. Más lejos está la amarilla gigante de mag. 5 (*7 Sagittarii*), pero este es un objeto de primer plano no asociado con la nebulosa. La gran complejidad de la Nebulosa de la Laguna, y su color rosado rojizo causado por el gas de hidrógeno, son captados sólo en fotografías.

M17 (NGC 6618) se conoce como la Nebulosa Omega, la Nebulosa del Cisne y la Nebulosa de la Herradura (por su perfil curvado, aunque este se define en grandes telescopios). Con los binoculares y los pequeños telescopios aparece como una bruma alargada, como la cola de un cometa, con un centelleo de finas estrellas a lo largo de uno de sus lados. Este innominado minicúmulo se asocia con la nebulosa.

M20 (NGC 6514), la Nebulosa Trífida, es una nube de gas que toma su nombre de las líneas de polvo que la trisecan. Los pequeños telescopios muestran solamente la estrella doble de mag. 7 en su corazón. Se necesitan grandes aperturas para ver la nebulosidad y las oscuras líneas divisorias. Nótese también el inestable cúmulo *M21 (NGC 6531)* en el mismo campo visual.

SCORPIUS El Escorpión

A través de esta magnífica constelación del Zodiaco el Sol cruza durante la última semana de noviembre. Representa el escorpión que mató a Orión con su aguijón.

Estrella brillante

α (alpha) *Scorpii* (del griego *antares,* que significa "como Marte", en referencia a su fuerte color rojo) es una supergigante roja, tal vez 500 veces el diámetro del Sol. Es además una variable semirregular que fluctúa de la mag. 0,9 a la mag. 1,2 en un período de más o menos 5 años. *Antares* tiene una compañera azul verdosa de mag. 6, la cual requiere al menos 75 mm de apertura y atmósfera estable para ser capturada fuera del resplandor de su primaria.

Estrellas dobles y múltiples

β (beta) *Scorpii* (de *graffias,* que significa tenazas) es una impresionante pareja de estrellas de mags. 3 y 5, para pequeños telescopios.

ζ^1 ζ^2 (zeta^1 zeta^2) *Scorpii* es una pareja de estrellas no relacionadas. ζ^1 es una supergigante blanca azulosa de mag. 5, miembro externo del cúmulo *NGC 6231*, mientras ζ^2 es una gigante naranja de mag. 4, cercana a nosotros.

μ^1 μ^2 (mu^1 mu^2) *Scorpii* es una pareja que consta de dos estrellas blanca azulosas de mags. 3 y 4. μ^1 es una binaria eclipsante con un rango de apenas 0,3 mag. y un período de 1,4 días.

▶

SCORPIUS

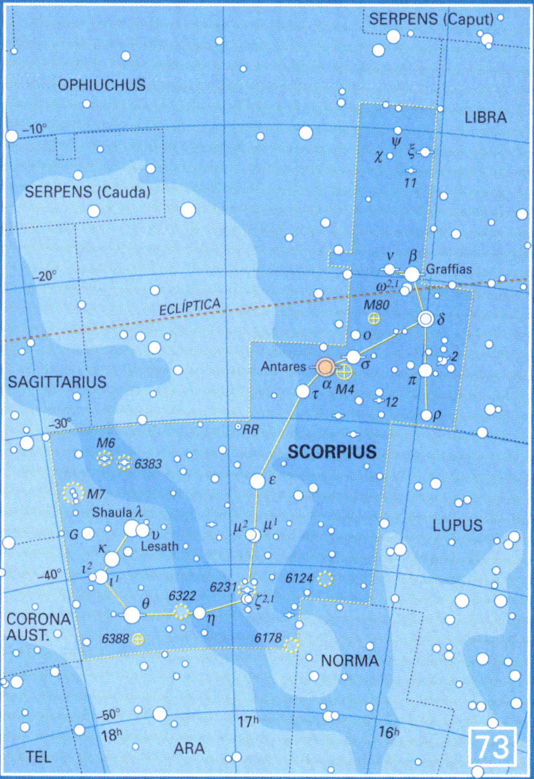
SERPENS (Caput)
OPHIUCHUS
LIBRA
–10°
ψ
χ
ξ
11
SERPENS (Cauda)
ν
β
Graffias
–20°
ω2,1
ECLÍPTICA
M80
δ
o
σ
Antares
α
M4
2
π
12
ρ
SAGITTARIUS
–30°
RR
SCORPIUS
M6
6383
M7
ε
Shaula λ
υ
Lesath
G
κ
μ2
μ1
LUPUS
ι2
ι1
–40°
6124
6231
ζ2,1
6322
θ
η
CORONA
AUST.
6388
6178
NORMA
–50°
17h
18h
16h
TEL
ARA

ν (nu) *Scorpii* aparece como una separada pareja de estrellas de mags. 4 y 6, en los telescopios pequeños. Aperturas de al menos 75 mm muestran que la estrella más tenue a su vez es doble.

ξ (xi) *Scorpii* es una excelente estrella cuádruple para telescopios pequeños, con una mag. 4, y una compañía naranja de mag. 7. Visible en el mismo campo está un amplio dúo de estrellas de mags. 7 y 8, llamadas *Struve 1999,* las cuales se conectan gravitacionalmente al primer par.

ω^1 ω^2 (omega^1 omega^2) *Scorpii* es una pareja de estrellas no relacionadas de mag. 4.

CÚMULOS ABIERTOS

M6 (NGC 6405) es un objeto de mag. 4, algunas veces llamado el Cúmulo Mariposa, con alrededor de 80 estrellas de mag. 7 ó más tenues, dispuestas en cadenas radiantes. Su estrella más brillante es una gigante naranja variable, *BM Scorpii,* la cual varía entre mags. 5 y 7.

M7 (NGC 6475) es un extenso y brillante cúmulo que cubre 1° del cielo. Es un sobresaliente objeto visible en binoculares, compuesto de cerca de 80 miembros de mag. 6 y más tenues, dispuestos en un perfil cruciforme.

NGC 6231 es un cúmulo de alrededor de 120 estrellas de mags. 6 a 8, como unas minipleiades, en un fondo de muchas estrellas tenues. La estrella de mag. 5 ζ^1 (zeta^1) *Scorpii,* se cree que es un miembro exterior del cúmulo. Ésta es una zona espléndida para escudriñar con los binoculares; nótese una línea de estrellas dirigiéndose al norte desde *NGC 6231* hacia el muy grande y esparcido cúmulo *H12*. Los dos cúmulos están a unos de 600 a.l. de distancia, y las estrellas que los agrupan forman un brazo espiral de nuestra galaxia.

CÚMULO GLOBULAR

M4 (NGC 6121) es un gran cúmulo de mag. 6, entre los más cercanos a nosotros, a 7000 a.l. de distancia. Es visible con binoculares en cielos oscuros.

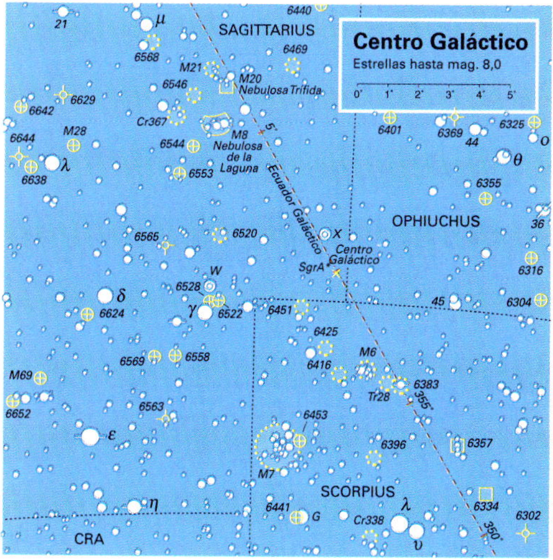

SCULPTOR El Escultor

Esta débil constelación del hemisferio Sur celeste, cuyas estrellas más brillantes son apenas de mag. 4, contiene el polo sur galáctico, es decir, el punto 90° al sur del plano de la Galaxia (el equivalente punto norte está en *Coma Berenices*).

Estrella variable

R Sculptoris es una gigante roja variable semirregular notoria por su profundo color rojo. Varía entre las mags. 6 y 8, aproximadamente cada 370 días.

Estrellas dobles

ε (epsilon) *Sculptoris* es una pareja de estrellas de mags. 5 y 9, para telescopios pequeños.

κ^1 (kappa^1) *Sculptoris* es un par cerrado de estrellas de mag. 6, que requiere al menos aperturas de 75 mm y muy alto aumento.

Galaxias

NGC 55 es una galaxia espiral de mag. 8 que se observa casi de perfil. Visible en pequeños telescopios como una mancha alargada de brillo irregular.

NGC 253, la más brillante de las galaxias de *Sculptor*, es una espiral de mag. 7, visible con binoculares. Está inclinada en ángulo hacia nosotros, así que aparece con un perfil de cigarro en pequeños instrumentos.

SCULPTOR

AQUARIUS
23h
Fomalhaut
PISCIS AUSTRINUS
GRUS
0h
7793
SCULPTOR
55
Polo Sur Galáctico
253
288
PHOENIX
CETUS
1h
2h
-20°
-30°
-40°
-50°
FORNAX
ERI

SCUTUM El Escudo

Esta constelación, localizada justo al sur del ecuador celeste, es impresionante a pesar de su pequeño tamaño (la quinta constelación en menor tamaño). Contiene ricos campos de estrellas de la Vía Láctea y es un área atractiva para escudriñar con binoculares.

ESTRELLAS VARIABLES

δ (delta) *Scuti* es el prototipo de una rara clase de estrellas variables que sufren pequeñas pulsaciones en su tamaño en pocas horas, reflejando cambios menores en su brillo. δ *Scuti* en sí misma varía cada 4 horas 40 minutos de mag. 4,6 a 4,8 una cantidad apenas detectable a simple vista.

R Scuti es una inusual estrella variable supergigante amarilla de la variedad de *RV Tauri.* Fluctúa semirregularmente entre mags. 8 y 9.

CÚMULO ABIERTO

M11 (NGC 6705), el Cúmulo Pato Salvaje, es un precioso y rico grupo de alrededor de 200 tenues estrellas en un densa área de la Vía Láctea. Obtiene su nombre porque sus estrellas más brillantes están dispuestas en un perfil de abanico, como el vuelo de los patos migratorios, con una brillante estrella naranja de mag. 8 en la punta. Es visible en todas las aperturas, incluso binoculares, pero instrumentos más grandes resolverán las estrellas individuales más claramente.

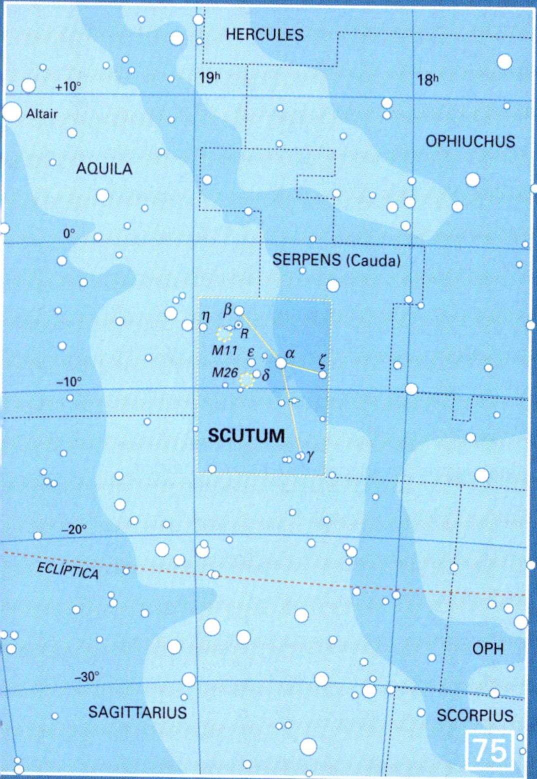
HERCULES
19h
18h
+10°
Altair
AQUILA
OPHIUCHUS
0°
SERPENS (Cauda)
η
β
R
M11
ε
α
ζ
M26
δ
−10°
SCUTUM
γ
−20°
ECLÍPTICA
OPH
−30°
SAGITTARIUS
SCORPIUS

SERPENS La Serpiente

Esta constelación es única por su división en dos mitades separadas (ver mapa en pp. 222 y 223). *Serpens* representa una serpiente enroscada alrededor de su portador, *Ophiuchus.* A un lado de *Opchiuchus* está *Serpens Caput,* la cabeza de la serpiente, la mitad más grande y destacada; al otro lado está *Serpens Cauda,* la cola de la serpiente. A pesar de estar separada, las dos mitades de *Serpens* se cuentan como una sola constelación.

ESTRELLAS DOBLES

β (beta) *Serpentis* consta de una pareja de estrellas de mags. 4 y 10, separables en pequeños telescopios. Los binoculares muestran una estrella vecina no relacionada de mag. 7.

δ (delta) *Serpentis* es un par cerrado de estrellas de mags. 4 y 5, para pequeños telescopios con alto aumento.

θ (theta) *Serpentis* es un sencillo par de estrellas blancas de mag. 5, para pequeños telescopios.

ν (nu) *Serpentis* es una estrella de mag. 4, con una separada compañera de mag. 8, para telescopios pequeños y binoculares.

CÚMULOS ABIERTOS

τ^1 (tau^1) *Serpentis,* una gigante roja de mag. 5, es la más brillante de un esparcido grupo de estrellas, visibles mejor con binoculares, que se extienden hacia κ (kappa) *Serpentis.*

La Nebulosa Águila es una tenue nube de gas que rodea el cúmulo de estrellas M16 en Serpens. Bill Schoening/AURA/ NOAO/ NSF.

M16 (NGC 6611) es un cúmulo de más de 50 estrellas de mag. 8 ó más tenues, visible en binoculares y pequeños telescopios. Está en una rica región de la Vía Láctea, cerca de los límites con *Scutum* y *Sagittarius.* Un asomo de nebulosidad puede detectarse alrededor del cúmulo. Las fotografías muestran a *M16* dentro de una espléndida nube de gas conocida como la Nebulosa Águila. Un rasgo de esta nebulosa es la tira de polvo oscuro que se introduce en ella.

CÚMULO GLOBULAR

M5 (NGC 5904) es un cúmulo globular de mag. 6, clasificado como el segundo en brillo en los cielos del norte, después de *M13* en *Hercules. M5* está en el rango de los binoculares y los telescopios pequeños, que lo muestran como la cabeza de un cometa. Telescopios más grandes revelan cadenas de estrellas radiando hacia afuera desde su brillante y denso centro. En el mismo campo visual está la estrella *5 Serpentis* de mag. 5.

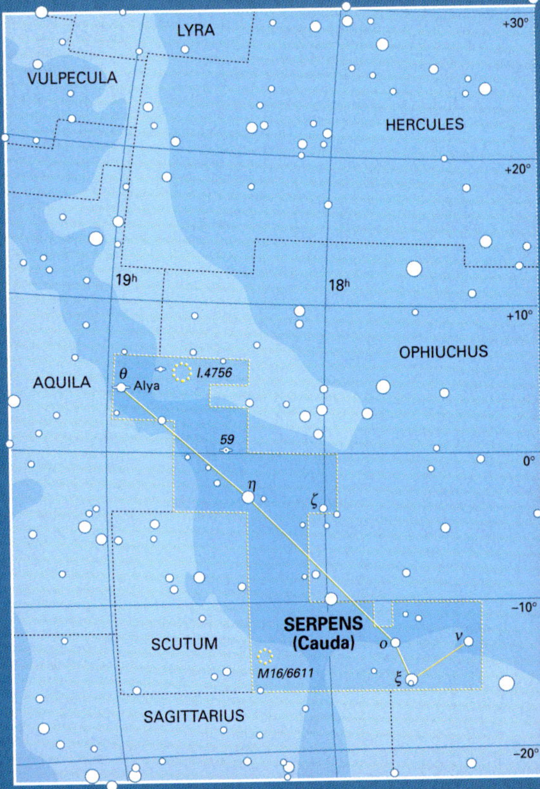

LYRA
VULPECULA
HERCULES
+30°
+20°
+10°
0°
–10°
–20°
19h
18h
OPHIUCHUS
AQUILA
θ
Alya
I.4756
59
η
ζ
SCUTUM
SERPENS
(Cauda)
ο
ν
ξ
M16/6611
SAGITTARIUS

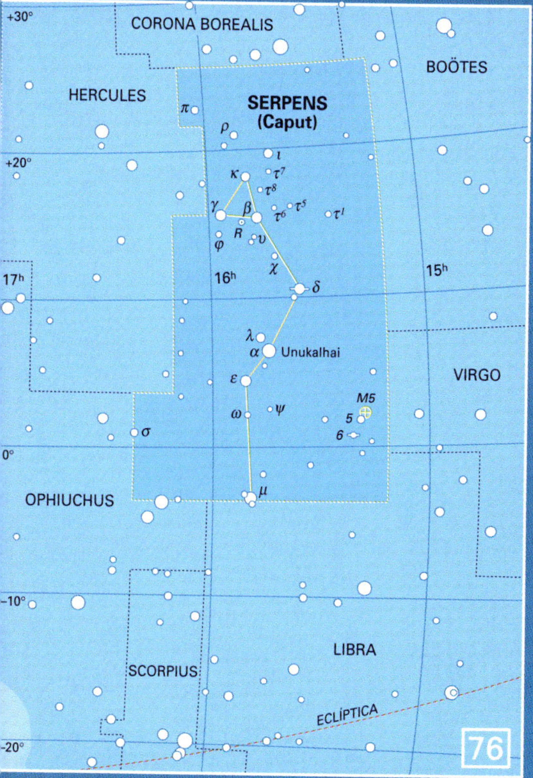
+30°
CORONA BOREALIS
BOÖTES
HERCULES
SERPENS
(Caput)
+20°
17h
16h
15h
Unukalhai
VIRGO
M5
0°
OPHIUCHUS
-10°
LIBRA
SCORPIUS
ECLÍPTICA
-20°

SEXTANS El Sextante

Esta estéril constelación en la región ecuatorial del cielo, casi indistinguible por su palidez, representa el sextante, un instrumento usado por los astrónomos para medir la posición de las estrellas antes de inventar el telescopio. La estrella más brillante en *Sextans* es apenas de mag. 4,5.

Estrella doble

17-18 Sextantis es un par de estrellas visibles en binoculares, no relacionadas, naranja y blanca azulosa, de mag. 6.

Galaxia

NGC 3115 es una pequeña galaxia elíptica de mag. 9, conocida como la Galaxia Huso por su perfil. Se necesitan telescopios de moderado tamaño para verla bien.

Sextans, mostrada bajo su original título Sextans Uranie en el atlas de 1801, de Johann Bode. Royal Greenwich Observatory.

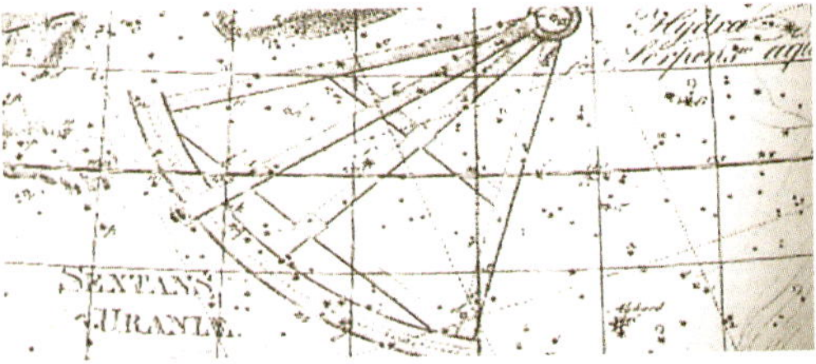

SEXTANS

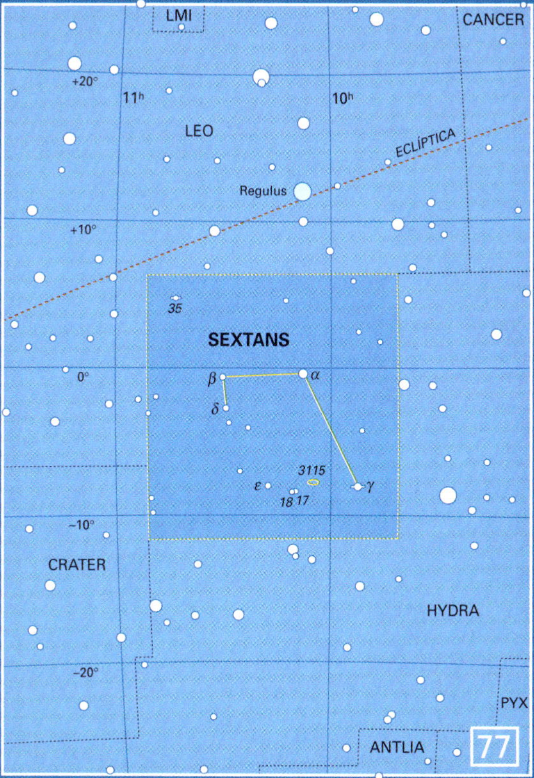
LMI
CANCER
+20°
11h
10h
LEO
ECLÍPTICA
Regulus
+10°
35
SEXTANS
0°
β
α
δ
3115
ε
γ
18 17
–10°
CRATER
HYDRA
–20°
PYX
ANTLIA

TAURUS El Toro

A través de esta constelación del Zodiaco el Sol pasa desde mediados de mayo a finales de junio. Representa la cabeza y los hombros de un toro a cargo del cercano *Orion*.

Estrella brillante

α (alpha) *Tauri* (del árabe *aldebaran,* que significa el perseguidor, es decir, del cúmulo de estrellas de las Pleiades) es una gigante roja de color naranja de mag. 0,9, la decimacuarta en brillo del cielo. Representa el ojo parpadeante del Toro. *Aldebaran* está a 65 a.l. de distancia, así que aunque parece formar parte del cúmulo de estrellas de las *Hyades* (ver p. 228), en realidad está mucho más cerca de nosotros.

Estrella variable

λ (lambda) *Tauri* es una binaria eclipsante que varía de mag. 3,4 a mag. 3,9 cada 4 días.

Estrellas dobles

θ^1 θ^2 (theta^1 theta^2) *Tauri* es una amplia estrella doble en las *Hyades* (ver p. 228), separable con binoculares o a simple vista, con gigantes blanca y amarilla de mags. 3 y 4.

κ^1 κ^2 (kappa^1 kappa^2) *Tauri* es una abierta doble separable con binoculares o a simple vista de mags. 4 y 5.

σ^1 σ^2 (sigma^1 sigma^2) *Tauri* es un amplio par visible en binoculares de estrellas blancas de mag. 5. ▶

TAURUS

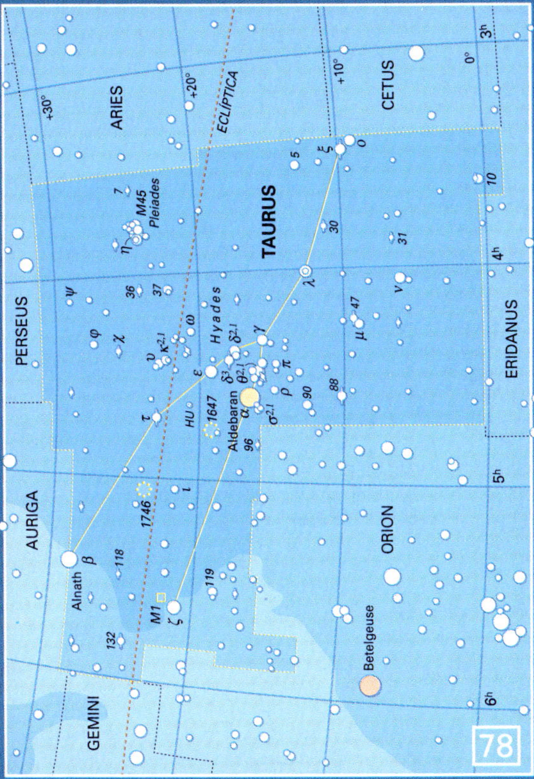
ARIES
PERSEUS
AURIGA
GEMINI
TAURUS
CETUS
ERIDANUS
ORION
ECLÍPTICA
M45
Pleiades
Hyades
Aldebaran
Alnath
Betelgeuse
M1
1647
1746
HU
+30°
+20°
+10°
0°
3h
4h
5h
6h

φ (phi) *Tauri* es una gigante naranja de mag. 5 con una compañera no relacionada de mag. 8 visible en pequeños telescopios.

χ (chi) *Tauri* es una bella pareja de estrellas azul y dorada de mags. 5 y 8, para telescopios pequeños.

CÚMULOS ABIERTOS

Las *Hyades* es un extenso y esparcido cúmulo de estrellas dispuestas en forma de V, que forma la cara del Toro. El cúmulo contiene alrededor de 200 estrellas, de las cuales la docena más brillante se observan a simple vista. Su tamaño es considerable, cubre 5° del cielo. El cúmulo está a 150 a.l. de distancia. Nótese que la brillante estrella *Aldebaran* no es un miembro del cúmulo sino en realidad un objeto de primer plano, a menos de la mitad de la distancia.

M45, las *Pleiades*, es el más atractivo cúmulo de estrellas en el cielo. A simple vista parece un grupo ligeramente brumoso de unas seis estrellas, pero los binoculares y los telescopios pequeños muestran muchas más estrellas en la visión, cubriendo más de 1° del cielo. En total, más de 100 estrellas pertenecen el cúmulo, el cual está a 380 a.l. de distancia, más del doble de lejos que las *Hyades*. El miembro más brillante del cúmulo de las *Pleiades* es la estrella de mag. 3 η (eta) *Tauri (Alcyone)*. En condiciones muy claras, algo de una tenue nebulosidad puede verse en binoculares y pequeños telescopios alrededor de *23 Tauri (Merope)*. Fotografías muestran que el cúmulo está envuelto en una tenue nebulosidad. ▶

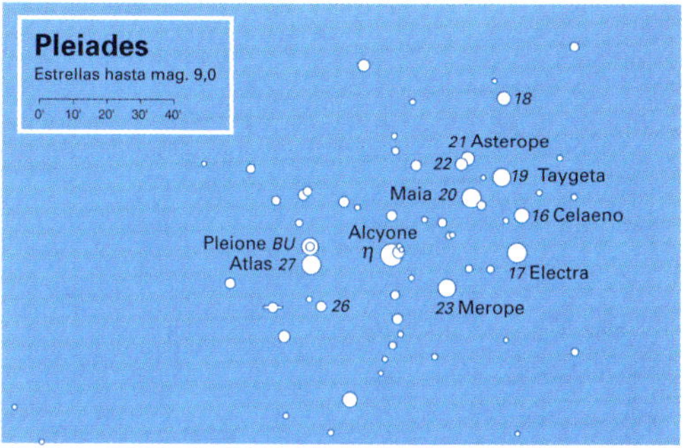
Pleiades
Estrellas hasta mag. 9,0
0' 10' 20' 30' 40'
18
21 Asterope
22
19 Taygeta
Maia 20
16 Celaeno
Alcyone
η
Pleione BU
Atlas 27
17 Electra
26
23 Merope

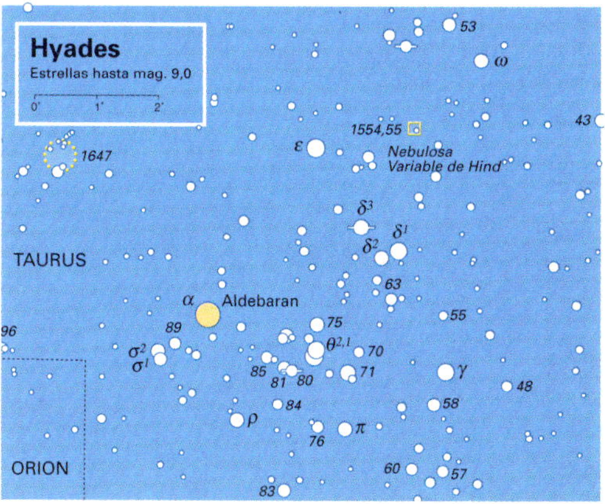
Hyades
Estrellas hasta mag. 9,0
0' 1' 2'
53
ω
1554,55
43
1647
ε
Nebulosa
Variable de Hind
δ3
δ1
δ2
TAURUS
63
α
Aldebaran
55
96
89
75
σ2
σ1
θ2,1
70
85
81
80
71
γ
48
84
58
ρ
π
76
ORION
60
57
83

Nebulosa

M1 (NGC 1952) es la Nebulosa del Cangrejo, el remanente de una estrella que fue vista explotar como supernova en el año 1054, y uno de los más famosos objetos en los cielos. Aparece como un parche brumoso elíptico de mag. 8, pero puede divisarse con binoculares en buenas condiciones. Su popular nombre viene del supuesto parecido a las tenazas de un cangrejo. Aunque no es tan espectacular en pequeños instrumentos como aparece en fotografías, tiene el mérito de registrarse como el más brillante ejemplo del remanente de una supernova.

Meteoritos

La lluvia de meteoritos de las Táuridas alcanza un extenso pico en la primera mitad de noviembre, cuando hasta 10 meteoritos por hora pueden verse viniendo desde la región de los cúmulos de las *Hyades* y las *Pleiades*. Las Táuridas son de movimiento lento y a menudo brillantes.

TELESCOPIUM El Telescopio

Esta poco notoria constelación del cielo del Sur es un tributo al instrumento más fundamental del astrónomo: el telescopio.

Estrella doble

δ^1 δ^2 (delta^1 delta^2) *Telescopii* es una pareja de estrellas no relacionadas blanca azulosas de mag. 5.

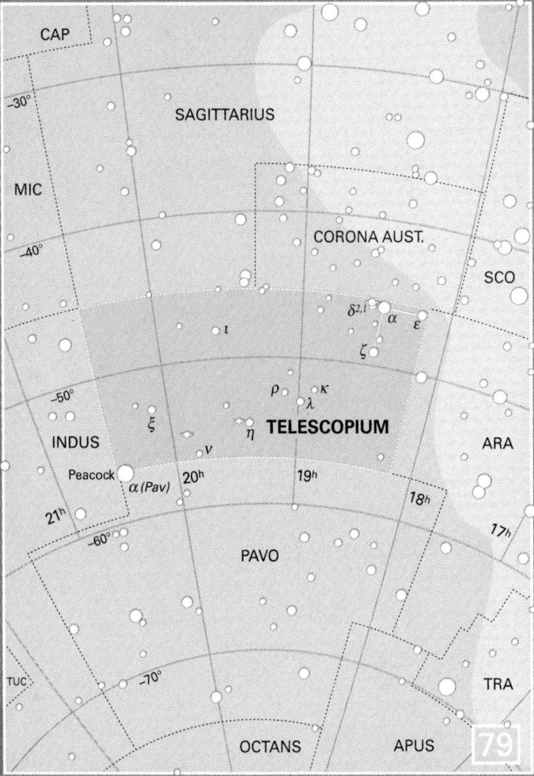
CAP
SAGITTARIUS
-30°
MIC
CORONA AUST.
-40°
SCO
$\delta^{2,1}$
α
ε
ι
ζ
-50°
ρ
κ
λ
ξ
η
TELESCOPIUM
INDUS
ARA
ν
Peacock
α (Pav)
20h
19h
18h
21h
17h
-60°
PAVO
TUC
-70°
TRA
OCTANS
APUS

TRIANGULUM El Triángulo

Esta pequeña constelación tiene un característico perfil triangular, en los cielos del Norte.

Estrella doble

6 Trianguli es un interesante par de estrellas dorada y azul de mags. 5 y 7, separables con gran aumento en telescopios pequeños.

Galaxia

M33 (NGC 598) es el tercer miembro en tamaño de nuestro Grupo Local de galaxias, después de *Andromeda* y nuestra Vía Láctea. Es extensa, y cubre más cielo que la Luna llena, pero tenue. *M33* se ve mejor en binoculares o telescopios de amplio campo con poco aumento, debido su bajo contraste con el fondo del cielo. Una noche despejada y oscura es vital para encontrar a *M33*.

TRIANGULUM AUSTRALE
El Triángulo del Sur

Esta pequeña pero fácilmente identificable constelación del Sur, tiene sus tres principales estrellas de mags. 2 y 3.

Cúmulo abierto

NGC 6025 es un grupo visible en binoculares de unas 60 estrellas de mag. 7 ó más tenues.

TRIANGULUM

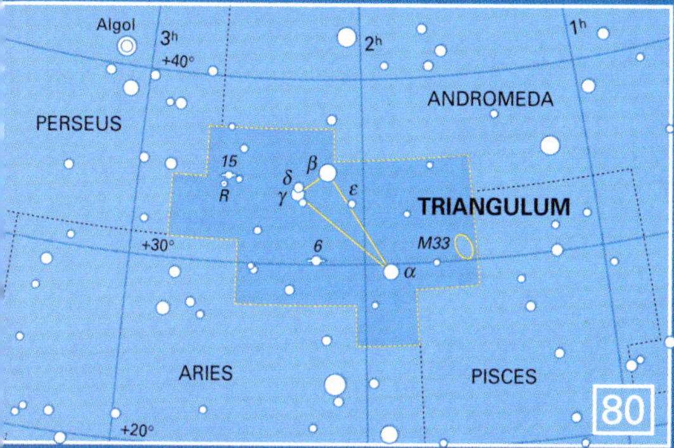

TRIANGULUM AUSTRALE

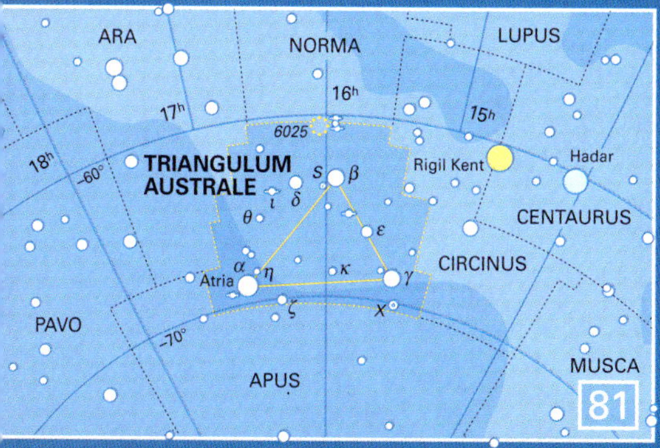

TUCANA El Tucán

Esta constelación de los cielos del Sur contiene pocas estrellas brillantes, pero está marcada por la presencia de la Pequeña Nube de Magallanes y el cúmulo globular conocido como *47 Tucanae.*

Estrellas dobles y múltiples

β (beta) *Tucanae* es una estrella múltiple. Los binoculares la muestran como una doble separada de mags. 4 y 5, mientras que en telescopios pequeños el componente más brillante es a su vez visto como una pareja de estrellas blanca azulosas casi idénticas.

δ (delta) *Tucanae* es una estrella de mag. 5, con una compañía de mag. 9 para telescopios pequeños.

κ (kappa) *Tucanae* es una estrella doble para telescopios pequeños, con dos componentes de mags. 5 y 8.

Cúmulos globulares

47 Tucanae (NGC 104) es visto como el segundo cúmulo globular más brillante en el cielo, superado solamente por ω (omega) *Centauri.* Se observa a ojo desnudo como una vaga estrella de mag. 4. Los binoculares muestran claramente el incremento en resplandor hacia el compacto núcleo de estrellas, mientras que telescopios de 100 mm de apertura comienzan a resolver las más brillantes de sus 200.000 o más estrellas individuales. El cúmulo cubre casi tanto cielo como la Luna llena. Es un cúmulo globular cercano a 17.000 a.l. ▶

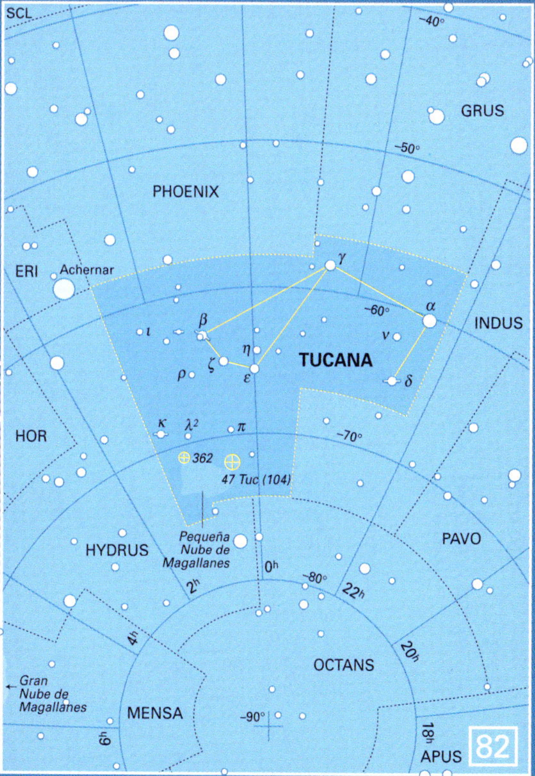
SCL
-40°
GRUS
-50°
PHOENIX
ERI
Achernar
γ
-60°
α
INDUS
ι
β
ν
η
TUCANA
ρ
ζ
ε
δ
HOR
κ
λ2
π
-70°
362
47 Tuc (104)
Pequeña
Nube de
Magallanes
PAVO
HYDRUS
0h
-80°
22h
2h
4h
20h
OCTANS
Gran
Nube de
Magallanes
MENSA
-90°
6h
18h
APUS

NGC 362 es un cúmulo globular de mag. 7 visible en binoculares en el borde de la Pequeña Nube de Magallanes. De hecho, no forma parte de ésta, sino que es un objeto de primer plano a 29.000 a.l. de distancia en nuestra galaxia.

Galaxia

La Pequeña Nube de Magallanes es la más pequeña de las dos galaxias compañeras de nuestra Vía Láctea. Es también la más distante, a unos 200.000 a.l. de distancia. Se observa a simple vista como un parche brumoso de 3° de largo, perfilado algo así como un renacuajo. Los binoculares y los telescopios pequeños resuelven estrellas individuales, cúmulos y nebulosas brillantes en la Pequeña Nube de Magallanes.

Tucana, el Tucán, según el dibujo de Johann Bode en su atlas de estrellas de 1801. Royal Greenwich Observatory.

47 Tucanae, un famoso cúmulo globular, tiene el diámetro de alrededor de 150 años luz y contiene cientos de miles de estrellas. AURA/NOAO/NSF.

URSA MAJOR La Osa Mayor

La tercera constelación en tamaño, ubicada en el hemisferio Norte del cielo, contiene un grupo de siete estrellas que forman la familiar figura del arado o el gran cucharón. Las estrellas β (beta) y α (alpha) *Ursae Majoris,* ambas de mag. 2, apuntan a la estrella polar, *Polaris.*

ESTRELLAS DOBLES Y MÚLTIPLES

ζ (zeta) *Ursae Majoris (Mizar),* mag. 2,2, es una de las estrellas múltiples más famosas en el cielo. Con visión aguda o unos simples binoculares muestran una compañera de mag. 4, *Alcor (80 Ursae Majoris).* En pequeños telescopios es visible cerca de *Mizar,* otra estrella de mag. 4. Cada una de estas estrellas es también binaria espectroscópica.

ξ (xi) *Ursae Majoris* es un par de estrellas amarillas de mags. 4 y 5 que orbitan entre sí cada 60 años. Son normalmente separables por aperturas de 75 mm y altos aumentos.

GALAXIAS

M81 (NGC 3031) es una galaxia espiral de mag. 7 que aparece en telescopios pequeños como una mancha elíptica con un notorio núcleo más brillante. Las fotografías muestran que es una de las más bellas espirales en el cielo. En buenas condiciones, ambas, *M81* y su socia *M82,* son visibles con binoculares.

►

URSA MAJOR

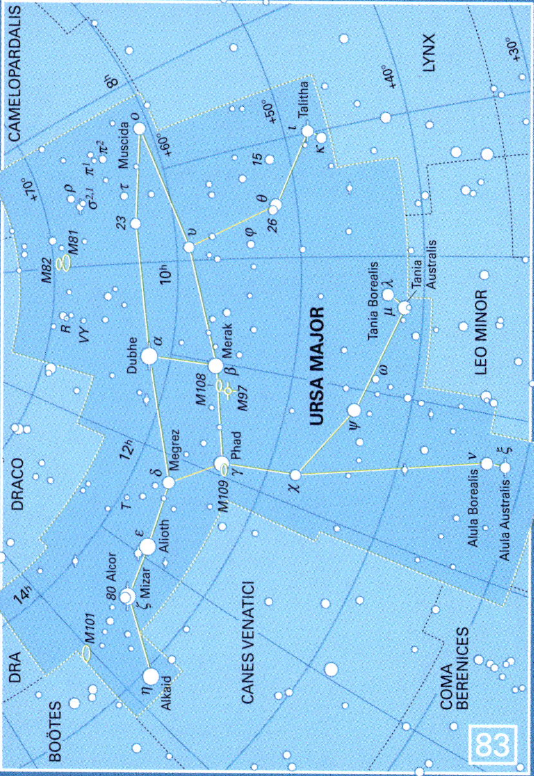

CAMELOPARDALIS
DRACO
DRA
BOÖTES
CANES VENATICI
COMA BERENICES
LEO MINOR
LYNX
URSA MAJOR
Dubhe
Merak
Phad
Megrez
Alioth
Mizar
80 Alcor
Alkaid
Muscida
Talitha
Tania Borealis
Tania Australis
Alula Borealis
Alula Australis
M81
M82
M97
M101
M108
M109
8h
10h
12h
14h
+30°
+40°
+50°
+60°
+70°

M82 (NGC 3034) es una galaxia de mag. 8, cerca de *M81* (ver p. anterior) vista de perfil hacia nosotros, así que parece una mancha alargada en los telescopios pequeños.

M101 (NGC 5457) es una galaxia espiral de mag. 8 de frente a nosotros. Las fotografías muestran que es una galaxia con largos brazos espirales, pero sólo la brillante parte central es visible en pequeños telescopios.

URSA MINOR La Osa Menor

Esta constelación contiene el polo Norte celeste.

La estrella polar

α (alpha) *Ursae Minoris (Polaris)* es una supergigante color crema de mag. 2, localizada a menos de 1° del polo Norte celeste. La precesión la llevará más cerca del verdadero polo hacia el año 2100 *Polaris* es una estrella doble con una compañera de mag. 8, visible en telescopios pequeños. También es una variable Cefeida, pero sus variaciones disminuyeron durante el siglo XX y ahora suman apenas unos pocos cientos de magnitud. No se sabe si estas variaciones comenzarán a aumentar otra vez.

Estrella doble

γ (gamma) *Ursae Minoris* es una gigante blanca de mag. 3 con una gigante naranja de mag. 5 no relacionada, la cercana *11 Ursae Minoris,* visible a ojo desnudo o con binoculares.

URSA MINOR

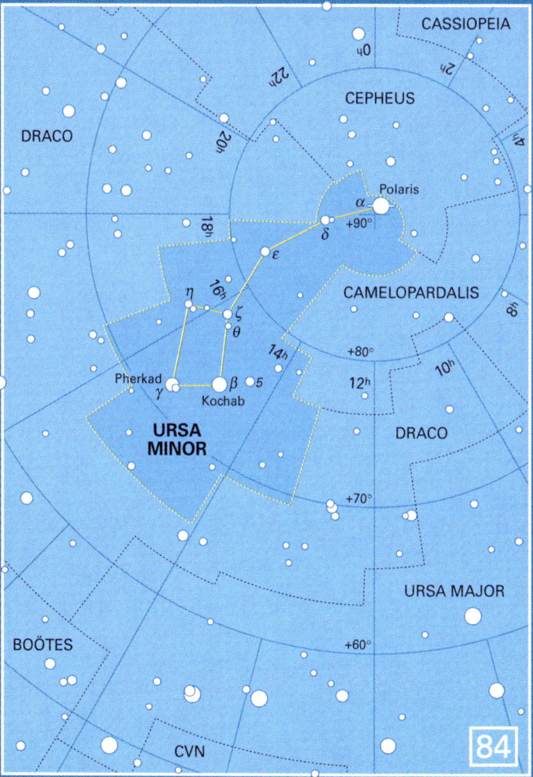
CASSIOPEIA
0h
2h
22h
CEPHEUS
4h
DRACO
20h
Polaris
α
+90°
δ
18h
ε
CAMELOPARDALIS
16h
η
ζ
θ
8h
14h
+80°
10h
Pherkad
β
5
γ
Kochab
12h
URSA
MINOR
DRACO
+70°
URSA MAJOR
BOÖTES
+60°
CVN

VELA La Vela

Anteriormente, era parte de la antigua constelación *Argo Navis;* las otras partes son *Carina, Puppis* y *Pyxis. Vela* se encuentra en una copiosa parte de la Vía Láctea.

Estrellas dobles y múltiples

γ (gamma) *Velorum* es un dúo de estrellas de mags. 2 y 4, la más luminosa de las cuales es la estrella más brillante del tipo Wolf-Rayet (ver p. 170). γ *Velorum* tiene unas compañeras abiertas de mags. 8 y 9, haciéndola una interesante estrella para pequeña aperturas.

δ (delta) *Velorum* es una cerrada estrella doble para aperturas de al menos 100 mm, con componentes de mags. 2 y 5.

Cúmulos abiertos

IC 2391 es un brillante nudo de estrellas, visibles a ojo desnudo pero mejor vistas con binoculares, esparcidas alrededor de la estrella de mag. 4 o (omicron) *Velorum.*

NGC 2547 es un cúmulo visible en binoculares de cerca de 80 estrellas de mag. 7 ó más tenues.

Nebulosa planetaria

NGC 2132 es una extensa nebulosa planetaria algo más pequeña que la más famosa nebulosa del Anillo en Lyra, pero el doble de brillante. En los telescopios aparece como un brumoso y elíptico disco de tamaño aparentemente similar a Júpiter.

VELA

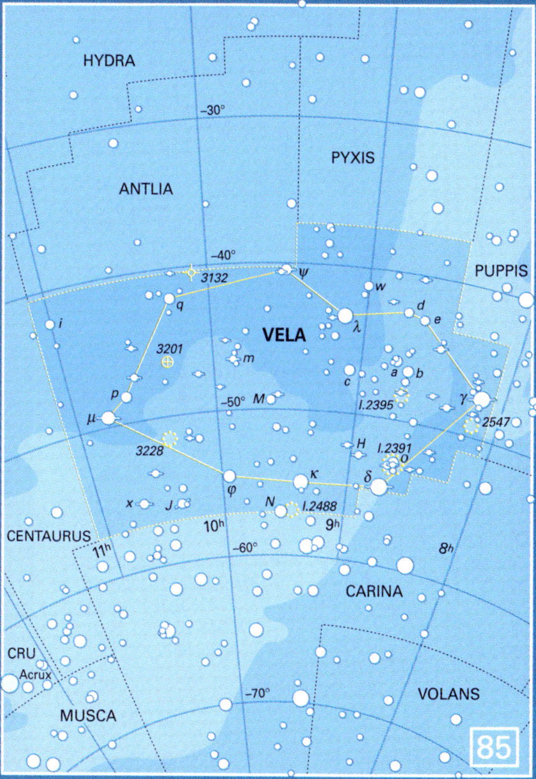
HYDRA
–30°
PYXIS
ANTLIA
–40°
PUPPIS
3132
ψ
w
q
d
λ
e
i
VELA
3201
m
a
b
c
p
M
–50°
I.2395
γ
μ
2547
3228
H
I.2391
o
κ
δ
φ
x
J
N
I.2488
10h
9h
CENTAURUS
11h
–60°
8h
CARINA
CRU
Acrux
–70°
VOLANS
MUSCA

VIRGO La Virgen

En esta constelación del Zodiaco el Sol transita desde mediados de septiembre hasta principios de noviembre. El Sol está en *Virgo* en la época del equinoccio de otoño, es decir, cuando el Sol entra en el hemisferio Sur celeste: esto sucede en septiembre 22-23 cada año. *Virgo* es la segunda constelación en tamaño del cielo. En varias leyendas representa la diosa de la justicia o la diosa de las cosechas.

Estrella brillante

α (alpha) *Virginis* (de *spica,* que significa espiga de trigo) es una estrella blanca azulosa de mag. 1,0 a 260 a.l. de distancia.

Estrellas dobles

γ (gamma) *Virginis* consta de un par de estrellas amarilla blancuzca de mag. 4 que orbitan entre sí cada 169 años. Vistas desde la Tierra, estuvieron más juntas hacia el año 2005 cuando eran inseparables en todos los telescopios aficionados, excepto en los más grandes; posteriormente se alejaron otra vez, y serán separables por los 75 mm en 2010.

θ (theta) *Virginis* es una pareja de estrellas de mags. 4 y 8 para pequeños telescopios.

τ (tau) *Virginis* es una estrella de mag. 4 con una separada y no relacionada compañera de mag. 10, para pequeños telescopios.

VIRGO

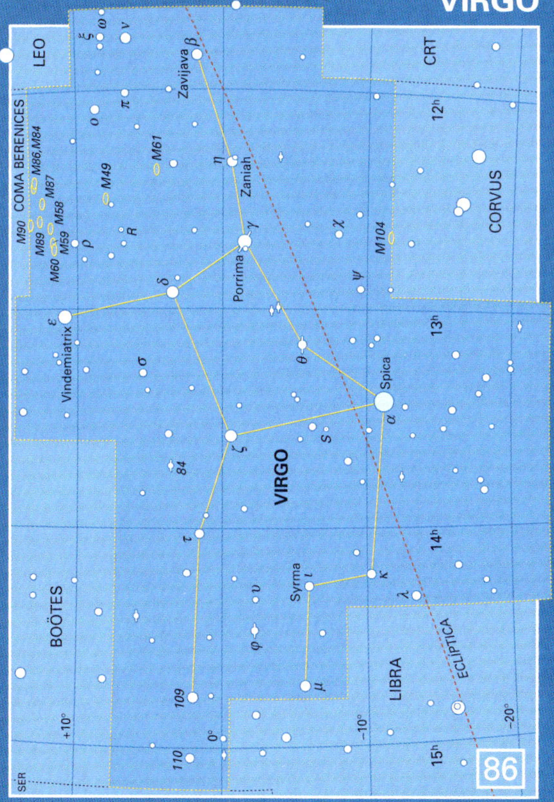
LEO
CRT
COMA BERENICES
CORVUS
VIRGO
BOÖTES
LIBRA
SER
Zavijava
Zaniah
Porrima
Vindemiatrix
Spica
Syrma
ECLIPTICA
M61
M49
M86,M84
M87
M58
M90
M89
M59
M60
M104
R
S
84
109
110
12h
13h
14h
15h
+10°
0°
-10°
-20°

86

Galaxias

Virgo contiene un enorme cúmulo de galaxias a unos 55 millones de a.l. El Cúmulo de Virgo de galaxias se desparrama dentro de la vecina *Coma Berenices,* así que a veces se conoce como el Cúmulo Virgo-Coma. El mapa enfrente muestra los miembros más brillantes del cúmulo; los miembros más interesantes se describen abajo. Estos pueden localizarse como leves parches brillantes de luz en los telescopios pequeños.

M49 (NGC 4472) es una galaxia elíptica de mag. 8.

M58 (NGC 4579) es una galaxia espiral de mag. 10.

M60 (NGC 4649) es una galaxia elíptica de mag. 9.

M84 (NGC 4374) y *M86 (NGC 4406)* es un par de galaxias elípticas visibles en el mismo campo visual.

M87 (NGC 4486) es una galaxia elíptica gigante de mag. 9, también conocida como la fuente de radio *Virgo A.* Se piensa que un agujero negro gigante yace en el corazón de esta poderosa galaxia.

M104 (NGC 4594), la Galaxia del Sombrero, no es un miembro del Cúmulo de Virgo puesto que está unos 20 millones de a.l. más cerca. Es una galaxia espiral vista casi de perfil, y luce en las fotografías algo así como un sombrero: de ahí su popular nombre.

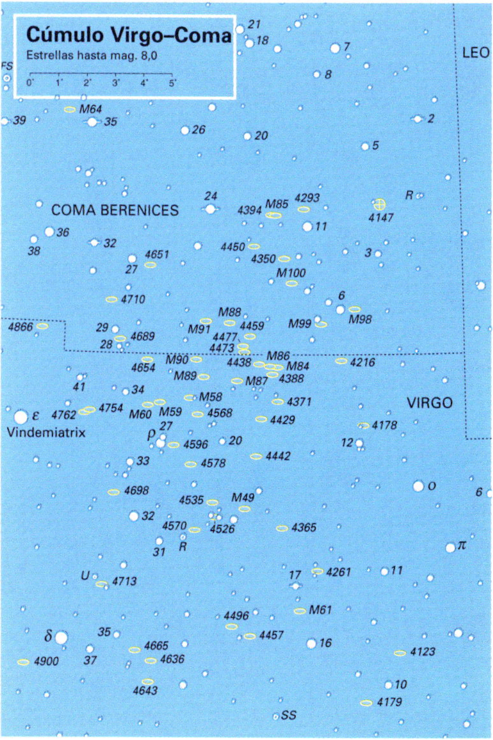
Cúmulo Virgo–Coma
Estrellas hasta mag. 8,0
0° 1° 2° 3° 4° 5°
FS
21
18
7
LEO
8
M64
39
35
26
20
2
5
COMA BERENICES
24
4394
M85
4293
R
4147
11
36
32
38
4651
27
4450
4350
M100
3
4710
M88
6
M98
4866
29
M91
4459
M99
4689
4477
28
4473
M86
M90
4438
M84
4216
4654
M89
M87
4388
41
34
M58
4371
VIRGO
ε
4762
4754
M60
M59
4568
4429
4178
Vindemiatrix
ρ
27
4596
20
12
33
4578
4442
4698
M49
o
6
4535
32
4570
4526
4365
31
R
π
U
4713
17
4261
11
M61
4496
35
4457
δ
4665
16
4123
4900
37
4636
4643
10
4179
SS

VOLANS El Pez Volador

Esta tenue y pequeña constelación de la región polar Sur del cielo era originalmente conocida como *Piscis Volans*. Sus más brillantes estrellas son apenas de mag. 4.

Estrellas dobles

γ (gamma) *Volantis* es un interesante par de estrellas amarillas y crema de mags. 4 y 6, para pequeños telescopios.

ε (epsilon) *Volantis* es una estrella blanca azulosa de mag. 4, con una cercana compañera de mag. 7, visible en pequeños telescopios.

Volans, fue mostrada con su título original de Piscis Volans, en el atlas de 1801 de Johann Bode. Royal Greenwich Observatory.

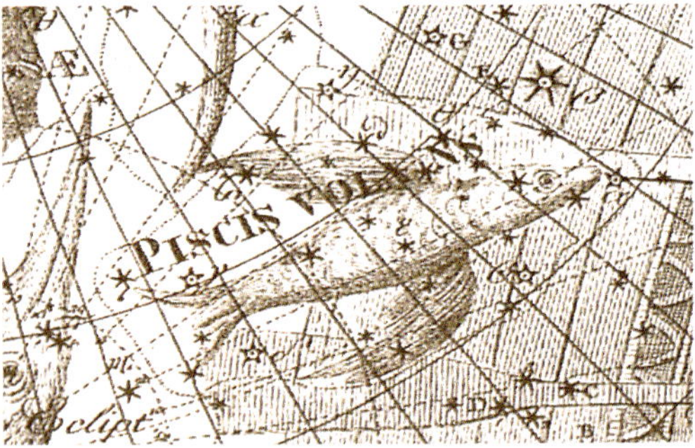

VOLANS

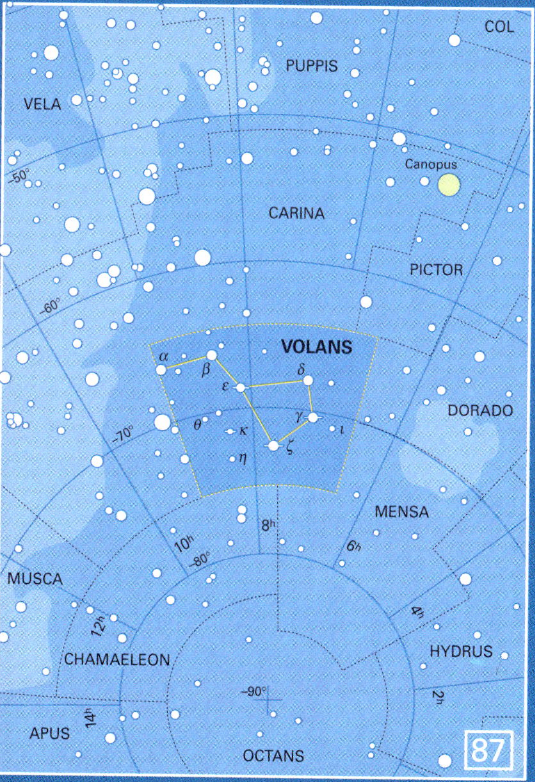
COL
PUPPIS
VELA
-50°
Canopus
CARINA
PICTOR
-60°
VOLANS
α
β
δ
ε
γ
θ
κ
ι
ζ
η
DORADO
-70°
MENSA
8h
10h
6h
-80°
MUSCA
4h
12h
HYDRUS
CHAMAELEON
-90°
2h
14h
APUS
OCTANS

VULPECULA La Zorra

Esta constelación se encuentra en el hemisferio Norte del cielo. Originalmente conocida como *Vulpecula cum Anser,* la Zorra y el Ganso. *Vulpecula* fue descubierta en Cambridge, Inglaterra, en 1967, la primera de las estrellas radiantes de flashes conocida como pulsares.

ESTRELLA DOBLE

α (alpha) *Vulpeculae* es una gigante roja de mag. 4 con una no relacionada compañía de mag 6, *8 Vulpeculae,* visible en binoculares.

CÚMULO ABIERTO

El Gancho de Ropa es un grupo visible en binoculares de estrellas con un simpático perfil, situado a lo largo del límite con *Sagitta.* Seis estrellas de mags. 6 y 7 trazan una línea recta y otras cuatro más forman un gancho que completa la figura de gancho de ropa (ver sección ampliada en el mapa). El grupo es también conocido como *Collinder 399* o el Cúmulo de Brocchi.

NEBULOSA PLANETARIA

M27 (NGC 6853), la Nebulosa Dumbbell, es una extensa y brillante nebulosa planetaria, con la reputación de ser la más notable de su clase. Aparece como una extendida bruma de verde resplandor de cerca de un cuarto del ancho de la Luna llena. Las fotografías muestran que tiene un perfil de doble lóbulo, de donde toma su popular nombre.

VULPECULA

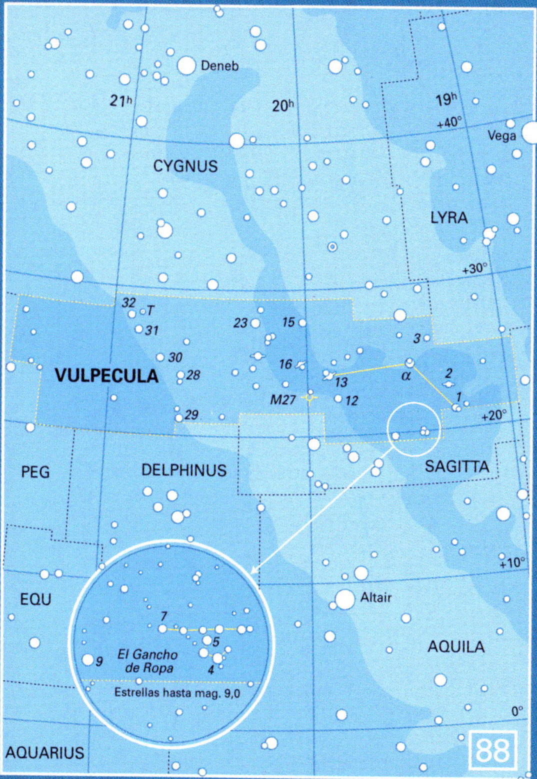

Deneb
21h
20h
19h
+40°
Vega
CYGNUS
LYRA
+30°
32
T
31
23
15
3
30
16
VULPECULA
28
13
α
2
M27
12
1
29
+20°
PEG
DELPHINUS
SAGITTA
+10°
EQU
Altair
7
5
El Gancho de Ropa
9
4
AQUILA
Estrellas hasta mag. 9,0
0°
AQUARIUS

Índice

Páginas resaltadas señalan fotografías o diagrama.